STYLE
스타일 파워
POWER

STYLE

스타일 파워

POWER

스타일에 미쳐라
대우받는 성공스킬

임승희 지음

BOOKQUAKE

스타일 잡는 여자, 스타일 있는 여자, 스타일로 강단에 선 여자, 당신의 스타일을 잡아드립니다

기회가 왔을 때 잡고 싶었습니다. 베이비붐시대에 태어나 그렇고 그런 다 같은 인생을 살고 싶지는 않았습니다. 나는 성공하고 싶었습니다. 주변 상황은 그리 넉넉하지 못했습니다. 순차적으로 공부를 하고 엘리트 코스를 밟고 성공이라는 정상에 갈 수 있는 상황이 아쉽게도 전혀 아니었습니다 나는 나라는 사람 하나로 성공하고 싶었습니다.

기술을 배우고 싶었습니다. 오직 나라는 사람만이 할 수 있는 일을 하고 싶었습니다. 우연을 가장한 필연으로 프랑스 유학길에 오르고 나는 메이크업 아티스트를 꿈꾸며 한국에 귀국하였습니다.

기회는 나에게 시그널을 보냅니다. 나는 그 시그널에 환호를 하였으며 흥분의 도가니로 기회를 잡았습니다. 그리고 나는 스타일리스트 임승희로 세상에 알려지기 시작하였습니다. 그리고 또 다른 기회라는 놈이 나에게 찾아왔습니다. 그리고 나는 대학교수로 세상 사람들이 말하는 성공을 거두었습니다. 그 시간동안 그 기회라는 놈을 잡기 위해 나는 미쳐 있었습니다.

나를 그토록 미치게 했던 것은 무엇이었을까요? 나를 미치게 한 건 스타일입니다.

나의 스타일은 기회란 놈을 대할 때 꽉 잡을 수 있는 에티튜드, 조직이라는 테두리안에서 태양처럼 빛날 수 있게 나를 대변하는 패션스타일, 사람을 끌어당기는 나만의 아우라 말 매너 스타일, 치사하고 더럽게 꼬이는 인간관계 스무스하게 정리하는 스킬 스타일.

스타일에 미쳐라!! 내가 대우받고 성공하는 스타일 스킬 딴따라 임교수가 대 방출 합니다.

조직문화 속에서 남다른 나를 디자인하는 스타일링으로 억대연봉에 도전해보세요.

욜로 라이프 시대, 나를 남에게 강하게 어필할 수 있는 성공전략 스타일에 미쳐라!! 혼 족의 유니크 한 나를 스타일링 해보세요. 인상적인 당신은 곧 스카웃 될 것입니다.

스타일이 있는 당신은 이미 사람들의 섭외 0순위에 링크 될 것이며,

남들보다 고속승진을 위한 스킬전략은 스타일입니다.

남다른 라이프를 꿈꾸는 당신을 위한 스타일 전략 미칠 용기와
미친 실행력

유니폼과 교복의 시대는 갔습니다. 유색배열로 튀면 안 됩니다. 그
냥 블록처럼 조직배열에 맞아야하던 시대, 상하조직으로 자유발언권
이 없던 시대는 갔습니다.

이제 나만의 스타일로 조직 안에서 눈에 튀어야 승진합니다. 나를
독보이게 해줄 수 있는 나만의 스타일은 경쟁력입니다.

내가 행복한 일만 하면서도 억대 연봉 받을 수 있는 성공스킬은 나
만의 스타일에 미치는 것입니다. 사람을 끌어당기는 당신의 스타일은
당신을 대우받게 합니다.

혼 족의 시대, 조직문화가 변화하고 있습니다. 상하조직이 아닌 평
행조직으로 시스템이 변화하고 있습니다.

이제는 스타일시대입니다. 나의 스타일로 나만의 성공라이프를
디자인해보세요.

세상이 변화고 있습니다. 디자인시대는 가고 스타일시대가 왔습니
다. 조직보다는 개인중심의 시대에서 성공의 중요한 키는 스타일입니
다. 일을 잘하는 것도 중요하지만 개인 경쟁시대의 현대인들에게는 스

타일은 기회를 잡는 방법입니다. 기회를 확실하게 거머쥐는 방법은 유니크 한 자신만의 스타일입니다. 사람들의 기억 속에 맨 처음 떠오르는 사람, 만나고 싶은 기대감이 있는 사람입니다.

24년 스타일리스트로 영화, 드라마, 연예인, 방송, 뮤지컬,광고 등 스타일을 잡던 찐 스타일리스트가 알려주는 나만의 스타일로 세상과 맞짱 뜨는 스킬. 현장에서 습득하여 대학에서 강의하는 딴따라 임교수의 더럽게 치사한 세상 초 긍정 스타일로 직진하는 스킬이 담겨있습니다.

미친 실행력으로 '할 수 있다.'를 외치며 세상과 맞짱 뜰 준비가 되셨나요?

베이붐시대를 사라온 사람들은 압니다 경쟁 속에서 살아남는 법을, 그러나 밀레니엄시대의 사람들은 '경쟁이 뭐예요?', '안 해봐서 못해요.'가 당연합니다. 그러다가는 방구석에서 세상 밖으로 나오는 것이 무서워집니다.

지금 현대인에게 필요한 '내가 하고 싶은 일만 하고도, 돈 많이 버는 방법'은 '나를 세상에 알려라' 입니다. 내가 누군지 내가 어떤 능력이 있는지 세상 사람들은 모릅니다. 나를 어필하는 방법, 나를 기억에 남는 방법, 나만의 스타일을 갖는 것입니다.

스타일은 어렵지 않아요. 나를 나답게 만드는 스타일 스킬 딴따라 임교수가 알려드립니다.

‘스타일 좀 안다’. ‘패피로 살고 싶다’, ‘스타일이 뭐예요?’

막 세상 밖으로 나온 20대 에서 스타일이 필요한 30대까지 당신의 스타일을 전문가가 잡아드립니다.

성공하고 싶은 당신 스타일에 미치면 안 되던 취업도 되고, 누락 됐던 승진도 됩니다. 왜냐구? 스타일에 미치면 나는 항상 바로 달려 나갈 준비가 되어있으니깐요.

퍼스널브랜드로 성공하고 싶으세요? 그럼 스타일에 미쳐보세요. 당신의 스타일에 사람들이 몰려 올 겁니다. 당신의 스타일 하나로 바로 인플런서 등극입니다.

대우받고 싶으세요? 유니크 한 당신만의 스타일은 프리패스입니다.

스타일이란? 패션뿐만 아니라 가치관과 태도, 말 매너, 그리고 라이프 스타일, 인관 관계를 다 포함합니다. 스타일이 좋은 사람이란? 만나고 싶은 사람, 같이 일하고 싶은 사람, 남에게 추천하고 싶은 사람입니다. 남들에게 자랑하고 싶은 스타일 좋은 당신.

기회를 성공으로 연결할 수 있는 나만의 스타일이 중요한 시대입니다. 덕후가 성공하는 시대 그 성공을 잡기 위한 게임은 시작됐습니다.

스타일에 미쳐보세요. 나만의 스타일이은 경쟁력입니다.

차례

프롤로그
스타일 잡는 여자, 스타일 있는 여자,
스타일로 강단에 선 여자, 당신의 스타일을 잡아드립니다

Chapter 1
스타일에 미쳐라,
너의 연봉이 오른다

Chapter 2
Only one, Only the style 시대,
나만의 스타일에 미쳐라

Chapter 3
나만의 스타일리스트를
고용하라

Chapter 4
스타일 잡는 여자,
딴따라 임 교수의 미친 스타일

Chapter 5
드루와 드루와 다 알려줌,
성공하는 스타일 스킬!!

출처:드림시네마

야생동물 보호구역 (1997) 분장 임승희 영화에 참여하다.

우리가 돈을 번다는 것은 '상대방에게 주는 돈 만큼의 가치를 창출해 줬느냐
가 중요한데, 너희는 그만큼 일을 했는가? 그 만큼 그 현장에서 능수능란하
게 일을 하였는가?'
이런 잣대를 대어보지만, 아이들은 그들만의 스타일이 있습니다.
그 스타일은 공감과 소통이며, 자신에게 맡겨진 일에 대해서 자신만의 해석
법이 있었습니다.

'너희들은 다 계획이 있었구나!!'

스타일에 미쳐라,
너의 연봉이 오른다

$$style\ 1\text{-}1$$

스타일 있으시네요,
제 스타일은 딴따라입니다

나의 20대, 성형수술이 유행처럼 너나없이 하던 시절이 있었습니다. 미국의 영화배우 브룩 실즈와 왕조현의 얼굴로 새롭게 태어나고 싶어 하던 시절이었죠.

눈동자가 보일듯 말 듯 옆으로 쫙 찢어진 가느다란 눈을 가진 나에게 주변사람들은 쌍꺼풀 수술을 왜 안 하는지에 대한 의문을 갖고는 하였습니다. 마치 쌍꺼풀 하나만 하면 무언가 인생이 확 풀릴 것으로 생각하던 시대였기 때문입니다.

그러나 나는 불행인지 행운인지 나랑은 이목구비가 정반대인 자타공인, 자칭 황신혜 닮은 친언니가 있습니다. 언니는 고교 시절 학생 잡지 '여학생' 표지모델을 할 정도로 우리 동네 에서는 미모의 정석으로 통했습니다.

프랑스로 유학을 가게 되었을 때 먼저 프랑스에 자리를 잡은 언니가 니스에 사는 한국인 부부와 마중을 나왔습니다. 그 부부는 저를 보고 첫 마디가 '아! 이쁜데? 뭘 다 고쳐?' 였습니다. 언니는 나의 동양적

인 인상이 안타까웠나 봅니다,

저의 눈은 동양인을 많이 만나보지 못한 프랑스인들에게 정말 신비로운 동양 인형 같다는 찬사가 쏟아졌습니다. 뜻하지 않게 나의 외까풀 시대가 드디어 개막되었던 순간이었습니다.

검고 긴 머리, 칼로 살짝 그어 놓은 것 같은 쫙 찢어진 가느다란 눈에 납작한 얼굴, 유독 플라워 패턴의 원피스와 레이어드를 좋아하는 나는 롱 원피스에 손뜨개 옷을 즐겨 입었으며, 남방에 면바지를 사랑하던 한국 유학생들 사이에서는 단연코 눈에 띄는 스타일이었습니다.

파리의 메이크업스쿨에 입학 하였을 때도 선생님은 동양적인 가느다란 저의 눈을 그리 좋아하지는 않으셨습니다. 그러나 저는 항상 선생님이 데모할 모델을 찾을 때면 제일 먼저 손을 번쩍 들었고, 매번 선생님은 당혹스러움을 감추지 못하였습니다. 이미 이목구비가 갖추어진 서양인에 비해 흰 도화지 같은 평면적인 제 얼굴은 메이크업 테크닉 표현을 드라마틱하게 변화를 줄 수 없었기 때문입니다. 그렇지만 나는 내 외까풀이 아이홀 메이크업에 그렇게 잘 어울린다는 걸 그때 알게 되었습니다.

공부를 마치고 한국에 귀국하였고, 때마침 한국엔 메이크업이 대유행하기 시작하였습니다. 귀국하고 며칠 후 친구를 명동에서 만나기로 하였습니다. 저는 배운 데로 바로 적용하는 미친 실행력의 소유자로써 이국적인 아이홀 메이크업을 하고 친구를 만났습니다. 마치 멀리서 보면 쌍꺼풀이 있는 것 같은 착시 효과를 주는 메이크업을 본 친구는 크게 웃었습니다. 지금 생각해보니 많이 창피했던 모양입니다.

친구랑 같이 백화점에 들어갔습니다. 프랑스에서 보던 '서즈루이알 바레즈' 라는 색조 브랜드가 한국에 첫 매장을 오픈한 것 같았습니다. 저는 반가운 마음에 매장을 둘러보기 시작하였습니다.

실장님으로 보이는 메이크업을 다소 과하게 하고 계신분이 말을 걸어왔습니다.

"어머~~ 메이크업 배우시나 봐요?"

멋쩍어 하는 저를 대신하여 친구가 대답을 하였습니다.

"프랑스에서 공부하고 왔는데 실업자예요."

메이크업 실장님은 연락처를 물어보았고 저는 딱 일주일 후에 압구정 갤러리아 백화점 1층 무대에서 당당히 메이크업 쇼를 시작하였습니다.

동양인 메이크업이 처음인 저는 하얀 파우더를 듬뿍 톡톡 가부키 메이크업에, 보라색, 파란색, 녹색 등 동양인이 사용 안 해 본 색조 아이셔도우를 신들린 듯이 펴 발랐습니다. 그야말로 피에로를 연상케 하는 메이크업, 나는 속으로는 '망했다'를 연발하였습니다.

그러나 무대에 선 신이 났고, 난생처음 받아보는 손님들은 새로운 메이크업 스타일로 받아들였는지, 뜻밖에도 프랑스에서 막 귀국한 메이크업 아티스는 인기가 폭발하였습니다. 말도 안 되는 일이 벌어졌습니다. 100명이 넘는 사람들이 줄을 서기 시작하였고, 매장의 매출은 최고치를 찍었습니다.

그리고 나는 화려하게 무대를 즐기게 되는 딴따라로 처음 태어나게 되었습니다.

지금도 그때를 생각하면 현장에서의 벅찬 희열감은 정말 잊을 수 없는 짜릿한 순간으로 기억에 남습니다.

그때 나를 처음 본 메이크업 실장님은 범상치 않은 메이크업에 겹겹이 레이어드 한 스타일에서 '모 아니면 도겠다. 도박 한번 해보자.' 하고 도전하게 되었다고 하였습니다.

그리고 그녀의 직감은 적중하였고 우리는 크게 사고를 쳐서 그때부터 메이크업 브랜드에서 메이크업 쇼가 유행처럼 생겨나기 시작하였습니다. 나의 말도 안 되는 황홀했던 첫 데뷔의 기억입니다.

스타일이란 내가 가지고 있는 고유한 성질을 이야기합니다. 스타일이 마치 유행을 선도하는 것이라고 많이 이해하는데, 스타일은 자신이 '남과 다름'에서 시작합니다. 그리고 내가 가진 나만의 고유성을 남과 차별화하는 것을 스타일링 한다라고 합니다.

그럼 연예인 스타일리스트의 스타일링 방법은 무엇일까요?

연예인 스타일링 작업은 그 연예인만이 가지고 있는 매력을 베이스로 현재 자신이 만들어야 하는 캐릭터에 옷을 입히는 과정이라고 할 수 있습니다. 갓 유행하는 아이템으로 스타일링하면 된다는 식의 스타일링으로 오해하기 쉬운데 스타일은 캐릭터를 만드는 창의적인 작업입니다.

스타일은 미모 순이 아닙니다. 매력으로 접근해 보세요.

그러고 보면 나는 시대를 참 잘 타고 났나 봅니다.

그 시절 모델의 전성기가 오면서 지극히 동양적인 모델이 인기를 얻게 되었고 모델 장윤주가 세계적인 모델로 인정받기 시작하였습니다. 그녀의 매력적인 외까풀은 강렬했던 쌍거풀을 슈퍼노멀로 만들어 버렸습니다. 더불어 저의 쫙 찢어진 가느다란 눈은 저의 첫인상을 대변해주는 캐릭터가 되었고, 이미지의 핵심이 되었습니다.

그리고, 사람들은 저를 찾기 시작하였고, 여기저기서 전화가 오기 시작하였습니다.

저의 딴따라 인생의 첫 단추는 미모의 언니 덕에 주목받지 못하던 청소년기와 성형 유행으로 핍박받던 20대를 거쳐, ET 모델의 전성기를 맞이하면서 저의 스타일로 자리 잡게 되었습니다.

못 생겼다고 무조건 성형을 해서 미인이 된다면 그저 평범한 한 얼굴에, 그냥 한 번 보고 잊혀지는 스타일로 밖에 살 수 없습니다. 스타일이 있다는 것은 내가 한 번에 주목받을 만한 미모는 없지만, 오랫동안 머릿속에 지워지지 않는 매력으로 사람들의 마음을 사로잡을 수 있습니다.

'처음 봐도 오래전에 알던 사람처럼 친밀감이 있고, 오랜만에 봐도 처음 본 것 같은 신선함이 있어요.'

내가 가장 기억에 남는 나에 대한 찬사입니다. 나의 스타일은 딴따라입니다. 방송쟁이로 24년을 살아오면서 딴따라의 진정한 멋을 아는 사람입니다. 사람과 사람 사이를 조율하며 시간과 인간관계를 조율하여야 하는 프로페셔널 딴따라입니다. 딴따라가 이제 박사가 되어 대학에서 아이들을 가르치고 있지만, 지금도 현장에서 저를 찾으면 '재미있겠다'가 제일 먼저 나오는 찐 딴따라 입니다.

나의 스타일 매력에 빠진 사람들은 지금도 시간을 조율하여 같이 작업하고자 고맙게도 연락이 옵니다. 학교와 현장을 병행해가며 스타일매니지먼트서비스 프로세스를 가동하고 후배를 양성하는 찐 딴따라로 촬영 현장에 출동합니다.

'스타일 있으시네요~~ 당신의 스타일은 꾸준하게 성장 중입니다. 멈추지 마세요. 매력 있는 당신의 스타일로 기회를 꽉 잡으세요.'

스타일이 있는 당신,
세상과 통하면 억대 연봉 예약입니다

'젊으니까 여행을 많이 다녀야 하고, 여행을 가기 위해서 아르바이트를 하고, 돈이 생겼으니 묻지도 따지지도 말고 떠나야 한다. 지구가 지금 멸망한다 해도 나한테 피해를 주지 않는다면 무조건 출발 한다'

내 주변엔 이런 괴변의 주인공이 넘쳐납니다.

욜로(YOLO)족인 이들은 생각해야 하는 일, 귀찮은 일, 자기를 중심으로 돌아가는 일이 아니면 아예 관심도 없습니다. 소피커(자신의 소신을 거리낌 없이 말하는 밀레니엄-Z세대)이고, 플렉스인 세상 최고의 뽀시래기로 미래설계에 '나는 역사적 사명들 띠고 나만의 인생을 위하여 돌진해야 한다.'를 외치고는 합니다.

그들을 보고 있으면 광속의 현타가 옵니다. 왜냐구요?

꾸안꾸의 그들에게는 그들만의 스타일의 무기가 있기 때문입니다.

패션 스타일리스트과에 들어오는 순간 아이들은 플렉스에 빠집니다. 관종 성향이 강한 아이들은 보여 지는 것에 강하기 때문입니다. 그러나 사색엔 약합니다. 별로 생각을 많이 하지 않습니다.

　외모가 남다른 요즘아이들은 실패에 대한 두려운 강박에 시달리고, 치고 빠지기의 정수인 워라밸에 강합니다. 장점으로는 기상천외한 아이디어가 가득하고, 단점으로는 저질체력과 새털처럼 가벼운 지구력을 갖고 있다는 것 입니다.

　그럼 이런 기상천외한 아이들을 사회에 내보낼 때의 나의 심정은 정말이지 그냥 내가 가서 대신 일해주고 싶은 심정이 한두 번이 아니었습니다.

　세대가 변하면 생각도 변해야 하고 스타일도 변해야 합니다. 그리고 조직 문화도 바뀌어야 합니다.

　'그냥 제가 할게요'가 미덕이고 상황에 맞춰 열정 페이로 도와주면 언젠가는 제대로 된 페이를 받겠지 하던 꼰대 시대는 갔습니다. 정확하게 일하고 정확하게 페이 받고, 회사 사정 따위는 안중에도 없습니다. 내 버킷리스트에 따라서 '한 번 사는 세상 다해보고 죽으리라.' 신념의 자기애가 강합니다.

　프리랜서 개념의 스타일리스트는 나의 셀러브리티가 움직일 때만 수익이 발생합니다. 그러다 보니 여러 명의 셀러브리티의 활동을 위해 어시스트를 고용하고, 셀러브리티의 스케줄에 따라 나의 스케줄을 조정합니다. 연예인과의 지속적인 스케줄관리는 위하여 꼰대 시대 우리는 그랬습니다. 무슨 화석 같은 소리냐고요?

시대가 변하였습니다. 요즘 아이들의 스타일은 일할 때는 열심히 정신까지 활활 불태워 일하고, 셀러브리티에 연연해하지 않습니다. 내가 쉬어야한다고 판단하고, 공부하겠다 결정하면 미련 없이 하던 일을 정리하고 떠납니다. 불안이라고는 찾아볼 수 없습니다.

처음에 이런 아이들을 만났을 때, 프라이팬으로 머리를 한 대 세게 맞은 것 같은 당황스러운 상황이었습니다. 그러나 진짜, 세상은 이들의 스타일에 맞춰서 돌아가더라는 참 신기한 결과를 낳았습니다. 아이들의 스타일에 맞춰 스타일리스트의 업무도 변화하고 있더라는 겁니다.

여기서 딱 하나의 전제가 있습니다. 정말 스타일이 남다르고, 스타일링을 잘해야 하며, 여기에 인플루언서인 경우는 대박입니다.

이들의 스타일을 좋아하는 사람들이 많아지고 또, 그의 라이프 스타일, 패션 스타일, 그들의 일상에 폭발적인 관심을 받게 됩니다. 일반인뿐만 아니라 엔터테인먼트 관계자와 셀러브리티들에게 러브콜을 받게 되기도 합니다. 그러다 보니 내가 하고 싶은 일만 골라서 할 수 있게 되고, 찾는 사람이 많다보니 몸값도 올라가고 부수적인 수입창출도 월등해지기도 합니다. 또한 자기 개발 시간이라는 명목 하에 런던, 파리, 밀라노, 뉴욕 등으로 여행을 가기도 합니다. 현지에서의 패션 감성을 담아오다 보니까 실력 또한 남다릅니다. 남들과 다른 시선의 패션 연출이 가능하고, 독특한 패션브랜드에 대한 탐구력도 갖추고 옵니다. 똑똑한 셀러브리티는 그들을 검색하고 고용하여 같이 일하면서 서로의 스타일을 공유하기도 합니다.

어떤 인터뷰에서는 요즘 엔터테이너로 활동 중인 스타일리스트 한혜연은 '하고 싶은 일만 하지는 않아요. 하고 싶지 않은 일도 종종 있어요. 하고 싶지 않은 일을 할 때는 더 잘 하려고 노력해요. 나의 포트폴리오의 첫 장을 장식할 수 있게 완벽하게 하려고 노력하죠, 역시 한혜연이라는 말을 들을 때까지요' 라고 하였습니다.

평균적인 사고로는 맞는 말입니다. 적어도 90년생 이전에는. 그러나 지금은 다이내믹 한 정신세계를 지닌 워라밸 신세대에게는 맞지 않는 말이 되어버렸습니다.

그런 그들과 나는 취업 런웨이를 걷고 있습니다. 우아하게 취업처에 적합한 아이들을 선발하여 취업 면담을 진행합니다. 그러나 아이들의 생각엔 '나는 이미 우리나라 최고의 스타일리스트야'로 로그인 되어있고, '정말 교수님이 정해준 취업처가 허접하기 그지없다.'라고 로그아웃되기도 합니다. 본인의 능력이 초보라는 사실을 집에 다 두고 온 모양입니다.

여기서 잠깐, 우리가 남의 돈을 번다는 것은 '상대방에게 주는 돈 만큼의 가치를 창출해 줬느냐가 중요한데 너희는 그만큼 일을 했는가? 그 만큼 그 현장에서 능수능란하게 일을 하였는가?'

이런 잣대를 대어보지만, 아이들은 그들만의 스타일이 있습니다. 그 스타일은 공감과 소통이며, 자신에게 맡겨진 일에 대해서 자신만의 해석법이 있었습니다.

'너희들은 다 계획이 있었구나!!'

우리 회사로 취업 나온 K양. 눈치 없기는 최고 수준, 깜박깜박 까먹기는 그냥 취미생활이고, 움직이는 데는 많은 시간이 필요합니다. 다른 회사에 취업 시킬 수 없어 어쩔 수 없이 우리 회사로 취업을 나왔습니다.

K양의 장점은 셀카 잘 찍기, 천연덕스럽게 처음 본 사람 전화번호 맞교환하기, 위기상황에 임기응변 잘하기, 실장님한테 걸리지 않고 땡땡이 잘 치기, 어떤 음식이든 가리지 않고 잘 먹기 입니다. 게다가 꾸안꾸 요즘 스타일의 그녀.

드라마의 조연배우를 담당하였는데, 드라마 촬영 시 연결체크라든가 작은 악세서리 분실 등 크고 작은 소소한 사고를 여러 번 쳐서 혼자 현장을 봐야하는 개인스타일리스트로는 안될 것 같다고 판단이 되었습니다. 그래서 팀장과 팀원이 함께 일 해야 하는 영화팀에 다시 배정하였습니다.

영화의상을 담당하게 된 그녀는 현장에 팀장과 동기 팀원 2명과 함께 첫 촬영을 하였습니다. 시작 첫날부터 주연급 배우들은 현장에서 버벅대는 그녀를 피해 안전한 팀장에게 의상 진행하기를 원하였고, 일이 몰린 팀장은 드디어 폭발하여 저에게 컴플레인이 시작되었습니다. 뭐 올 것이 온 거고 예상하였던 순간이었습니다.

나는 차분해지려면 뜨거운 커피를 마십니다. 내가 커피를 찾을 때엔 뭔가 일이 잘못되었다는 것을 직감한 K양은 따뜻한 커피와 함께 자신의 핸드폰의 사진첩을 열어서 보여 주었습니다.

배우들의 의상 연결 사진이었습니다. 사진 안에는 절대로 연결 사진을 안 찍어 주기로 유명한 E배우의 사진이 첫 장면부터 다 있었습니다. 심지어는 영화 고사 때 입고 온 개인 의상 사진도 있었습니다. 어허, 이거 참 신기한 일이 아닐 수 없습니다. 팀장도 E배우의 사진은 포기한 상태였습니다. 괜히 상황만 험악해 질 가능성이 있기 때문에 팀장은 노트에 그림을 그리던가 아니면 상세히 기록하여 남기는데 우리 K양은 어떻게 찍었을까요?

K양의 주특기는 상대방을 편안하게 해주는 신비한 말빨의 소유자입니다. 거기에다가 E배우가 사진을 잘 안 찍어 주는지 아무도 알려주지 않았습니다. K양은 자기한테 주어진 일이니 책임감을 가지고 막무가내로 연결 사진을 찍었고, E 배우 또한 자기를 피하던 다른 의상팀보다 무작정 들이대는 K양이 오히려 이뻐 보였을 것입니다. 정말 대단한 무기를 가진 그녀입니다.

영화를 무사히 마친 K양은 느닷없이 여행을 가야겠다며 우리팀을 관두었습니다. 여행을 다녀온 후 K양은 구미에 맞는 다른 영화 의상팀에 들어가 승승장구하더니 지금은 자신의 이름을 걸고 영화 의상 실장으로 매진 중입니다. 물론 여전히 영화배우들과는 그녀의 막무가내식 열일 스타일대로 끈끈한 애정으로 연결 되어있으며, 배우의 영화가 확정이 되면 그녀를 지목하는 상황까지 연출되고는 합니다.

그녀는 남과 다른 스타일을 가지고서, 남과 같은 잣대로 평가를 받

있습니다.

평균의 눈에는 낙제점입니다. 그러나 그녀는 남다른 그녀만의 스타일인 공감과 소통으로 하고 싶은 일에서 성공하였습니다. 그리고 그녀는 그녀만의 스타일로 일과 라이프 스타일 두 개를 다 잡았습니다. 그녀의 인스타그램은 여행가인 줄 알 정도로 세계 각지의 사진들로 넘쳐났고, 영화의상은 일 년에 한두 작품 정도 참여하고 있습니다. 그녀를 찾는 사람은 많아지고, 그녀의 일하는 스타일을 아는 사람들은 그녀에게 스케줄에 맞춰주고 페이도 상한가를 책정해주며 진행합니다. 그녀를 잡기위해서 최대한 맞춰주기도 합니다.

몇 해 전인가 K양과 만날 일이 있었습니다. 그녀는 BMW를 타고 나타났으며, 미사의 푸르지* 아파트를 분양받았고, 페르시안 고양이와 동거중이라고 하였습니다. 불과 몇 년 전만 해도 다른 팀에 보낼 수 없는 낙제점 제자였는데 말입니다.

자기만의 스타일대로 산다는 것은 참 큰 용기와 모험 인 것 같습니다. 나만의 스타일로, 버킷리스트를 가지고 살고 싶으시다면 나만의 스타일을 가져보세요. 그러면 당신도 억대연봉의 주인공이 될 수 있을 것입니다.

평균의 시대는 갔습니다,
당신의 스타일로 고속 승진을 잡으세요

'평균이라는 허상에서 탈피해보자. 그럼 우리는 미래에 한 발자국 더 나아갈 수 있을 것이다.'《평균의 종말》, 토드로즈.

우리는 틀에 맞추어진 교육의 평균으로 그 동안 나올 수 있었습니다. 사회에서 낙오자가 되지 않기 위해서는 테일러주의 방식처럼 그 조직 내의 부속처럼 매끄럽게 돌아갈 수 있도록 노력해야 했습니다. 개개인의 개성이나 재능은 사회에 나와서는 무용지물이 되고 맙니다.

4차 산업혁명 시대라는 현시대에서는 구시대적인 평균에서 벗어나야 합니다. 개개인의 재능과 특성을 체인지 어라운드 하여 새로운 시대의 플랫폼으로 들어서야 합니다.

중앙대학교 패션학과를 졸업한 L양은 서글서글한 인상에 붙임성이 좋으며 남의 이야기에 집중과 탁월한 공감능력의 소유자입니다. 패션학과 중 상위권 대학이다 보니 주변에서의 시선은 패션업계 대기업이나 패션 디자이너로 취업할 것이라고 예상하였습니다.

그러나, 그녀는 패션 학과 4년 동안 패션디자인을 배웠지만, 패션만 사랑하고 디자인은 좀 피하고 싶어 하는 친구 중 하나였습니다. 그래서 L양은 주변의 예상과는 달리 패션 홍보 대행사에 인턴으로 취업을 하게 됩니다.

패션 홍보 대행사란? 패션 브랜드의 샘플 의상이나 신상품과 액세서리 등을 제공받아서 스타일리스트에게 협찬을 진행하여 패션을 홍보하는 스타 마케팅을 하는 직무로 스타일리스트라는 직업이 생겨나면서 생겨난 직업입니다.

스타 마케팅이란? 패션브랜드에서 선호하는 연예인에게 의상 협찬을 진행한 후 협찬 사진과 방송 프로그램 캡처 등을 제공하는 패션 홍보하는 마케팅입니다.

스타 마케팅을 원활하게 하기 위해서는 스타일리스트와의 밀접한 관계를 유지해야 수월하게 진행됩니다. 그러다보니 홍보 대행사의 주고객인 스타일리스트를 잡는 것이 그들의 최고의 목표입니다. 눈에 보이는 업무보다는 스타일리스트와의 친분을 쌓은 업무가 가장 중요한 업무이기도 합니다.

인턴사원인 L양은 누구에게나 반갑게 인사를 합니다. 더위에 지쳐 짜증 난 얼굴을 보면 시원한 물이라도 한 잔 권하기도 합니다. 스케줄이 꼬이고 일이 꼬여 맘이 꼬인 스타일리스트가 얼굴이 오만상이 되어 들어오면 한적한 곳으로 데리고 가서 오늘따라 기분이 안 좋아 보인다며 달달한 차와 함께 하소연을 들어주기도 하였습니다. L양의 사교성은 스타일리스트의 실장이든 팀장이든 팀원이든 구분할 것 없이 다 두

루두루 섭렵하고 하고 있었습니다. 원래 스타일리스트 실장들은 인턴이랑 말도 잘 안 하는데 그녀는 특이하게도 워낙에 넉살이 좋고 만나면 웃음을 주는 그런 비타민 같은 L양이었습니다. 그러니 회사에서도 L양의 재능을 높이 평가하여 잘 나가는 브랜드 담당으로 밀어도 주고 월급도 남들보다 높게 책정해 주었습니다.

그렇게 L양이 패션 홍보 대행사에 자리를 잘 잡아 가는가 했는데 어느 날 갑자기 어학연수를 떠난다고 회사를 관두었습니다. 그리고 필리핀으로 6개월간 어학연수를 빙자한 여행을 떠났습니다.

그리고 얼마 후 유쾌한 그녀가 돌아왔습니다.

그해 SPA 브랜드인 H&M이 한국에 오픈하였습니다. 그녀에 대한 평가가 후했던 패션 홍보 대행사 대표의 추천으로 그녀가 H&M에서 아르바이트로 매장에서 근무하게 되었습니다. SPA 브랜드는 모든 직원 채용 시 매장업무를 기본으로 패스해야 다른 팀으로 발령을 내는 시스템입니다. H&M 본사에서 패션 홍보를 담당할 직원을 구하던 중 그녀의 이력서를 보게 되었습니다.

그렇게 L 양은 H&M의 홍보실에서 패션 홍보 우먼으로 단시간 내에 다시 부활하게 되었습니다. 스타일리스트 실장들은 H&M으로 몰려들기 시작하였고, 그녀의 패션 홍보 파워는 H&M 행사 때마다 우리나라 핫 인싸 연예인들을 자유롭게 이동하게 만들었으며, 그 진가를 인정받기 시작하였습니다.

고속 승진을 하고 연봉도 그녀의 능력을 인정받은 만큼 크게 올랐습니다. 문제는 인터내셔널 기업이다 보니 국제회의에 참석해야 한다는 부담감이 있었습니다. 영어로 된 프레젠테이션도 진행해야 하고, 기본적인 커뮤니케이션은 영어로 진행되었습니다. 자리가 사람을 만든다고 그녀는 영어공부까지 열심히 하게 되었습니다.

영어까지 섭렵한 그녀는 국제회의를 위해서 파리와 밀라노 출장을 다녀오고 룩북 촬영을 위해 체코로 출장을 다녀왔습니다. 그녀의 행보는 국제적으로 판이 커져 갔습니다. 이제 H&M의 블로그와 페이스북 등 SNS에서 L양은 셀럽으로 대우받으며 연예인과 어깨를 나란히 하게 되었습니다.

평균이 아니었던 L양의 파격적인 선택은 그녀만의 스타일로 자신의 재능과 끼를 살려 또 다른 미래를 만들었습니다. 패션 학과를 졸업하면 디자이너가 되는 것이 평균인데 잣대를 살짝 틀어서 틈새시장인 패션 홍보 대행사로의 전환은 그녀가 행복한 일을 갖게 만든 힘이 아니었을까 생각합니다.

지금 L양은 그녀의 능력을 살려서 자신의 이름을 건 패션 홍보 대행사를 새로 오픈 하였습니다 패션 홍보 대행사는 주변 인맥이 재산입니다. 스타일리스트와 브랜드 클라이언트들 사이에서는 핫 인싸로 떠오른 그녀의 새로운 행보에 기대를 해봅니다.

자신의 장점을 살려서 자신이 잘할 수 있는 일을 찾아 미래를 설계하고 보통의 관점에서 탈피하여 새로운 길을 갈 수 있다는 것은 기성세대에게는 참 큰 용기입니다.

현재는 개인의 시대가 왔습니다. 자신만의 스타일로 자신만의 트레이드마크를 만들어보세요. 보통의 틀에 갇힌 시선으로는 도저히 이해가 안 되는 상황들이 발생합니다.

남보다 나를 찾게 만들어야 합니다. 그 차별화의 중심엔 스타일이 있습니다.

나만의 장점을 찾아보세요. 패션 학과를 나왔다고 다 브랜드나 대기업에 들어가지는 않습니다. 지금은 동대문 신진 디자이너로 진출을 많이 합니다. 이 또한 틈새시장 공략입니다. 기성세대의 평균적인 관점에서는 밤에 일하고 주변 환경이 불안정한 형태의 직종으로 눈살을 찌푸리게 만들지도 모릅니다. 그러나 신진 디자이너로의 진출은 자신의 재능을 살릴 수 있는 개인의 기회이며 평균으로 평가받지 않고 개별 평가로 이뤄지는 코스이기도 합니다.

평균인 시대는 이미 지나갔습니다. 이제 개성을 살리고 자신의 스타일대로 사는 시대가 도래 하였습니다. 신인류 트렌드로 팀플레이로 움직이는 시대는 갔습니다. 개인경향의 보편화시점이며, 단체적 가치 중심의 사회에서 개인의 취향 중심으로 사회구조가 변화하고 있습니다.

나의 장점을 찾아보세요. 그리고 나의 스타일을 가져보세요. 평균의 시대는 갔습니다. 나의 스타일로 고속승진의 기회를 잡아보세요.

스타일이 다른 당신,
당신의 몸값은 금값입니다

스타일리스트로 외길 24년 차, 많은 연예인과 많은 작품 그리고 나와 웃고 울며 피땀 흘리던 나의 팀장과 어시스트, 우리 모두의 협력으로 만들어진 나의 역사가 아닐 수 없습니다.

영화 분장으로 입봉하여 영화 의상을 거쳐 어시스트 시절 없이 바로 실장으로 데뷔한 나는 많은 어시스트와 밤낮 가리지 않고 고군분투하였던 에피소드가 지금도 눈앞에 생생합니다.

스타일리스트 실장을 목표로 학원에서 스타일리스트 과정을 수료한 친구, 고등학교 졸업장을 막 들고 들어온 열정 뿜뿜 청춘의 친구, 헤어디자이너 어시스트로 스타일리스트로 진로를 바꾼 친구가 있는가 하면, 진짜 아무것도 모르고 연예인이 좋아서 오는 친구도 있고, 다들 그 준비 과정들은 각지각색입니다.

어디서 어떻게 준비하고 입문하였든 모든 시작은 리셋으로부터 시작합니다. 하루라도 먼저 시작한 친구가 나이를 불문하고 선배가 되고, 일의 순위도 먼저 시작한 친구부터 선택권이 주워집니다.

영화 '방과후 옥상' 영화의상을 진행 하였을 때, 전라남도 광주에서 여상 졸업 예정자인 A가 면접을 왔습니다. 작은 키에 깡마른 체형, 작은 얼굴에 조화로운 이목구비를 가진 똑 부러진 말씨의 A. 나이가 어려 망설이는 나에게 패션을 바닥부터 배우고 싶다는 당찬 포부로 감동을 주었고, 현장에 대한 빠른 이해와 더불어 눈치껏 초보 티가 안 날 정도로 스피드하게 잘 적응하였습니다.

겨울 촬영으로 모두가 추위에 예민할 때였습니다. 의상팀은 현장에서 주연 배우가 연기를 잘 할 수 있도록 케어 해줘야 합니다. 폭설이 쌓인 어느 날, 가을 의상을 입고 촬영 중인 배우는 매우 예민해져서 연기에 몰입하다 보면 난폭해지기도 합니다. 주연배우 B의 촬영 장면이 몰린 날 그날따라 운동장 가득 함박눈이 내리고 건물 안의 체감온도가 더 낮았습니다. 계속되는 촬영과 우중충한 날씨 탓으로 예민해 질대로 예민해진 배우는 그야말로 시한폭탄이었습니다. 시한폭탄은 언제 터질지 모르니 일단 피해야 합니다.

컷 촬영 싸인이 떨어지면 누군가는 배우에게 담요나 패딩을 가져다가 보온을 할 수 있도록 도와줘야합니다. 그러나 아무도 시한폭탄엔 접근하려 하지 않습니다. 그때 성큼성큼 누군가 B에게 다가가서 패딩을 덮어주었다. 막내 스텝인 A가 팀장도 망설이고 있는 상황에 빠른 대처를 선택한 것입니다.

예민한 배우가 화를 버럭 내는데도 A는 엄마가 아들 대하 듯 두 손에 뜨거운 핫팩을 쥐어 주고, 주머니에 넣어 주면서 한마디 합니다.

'오빠 그러다 얼어 죽어요!'

어디서 그런 배포가 나왔을까요? 나이도 이제 막 19살이 된 청춘은 촬영장의 잔다르크라 불리며 연기자와 스텝들에게 한동안 이슈가 되었으며, 깊은 인상을 남겼습니다. 영화가 끝나고 그녀는 톱스타 연예인 스타일리스트가 되겠다며 아쉽게도 이직을 하였습니다.

'대박 대체 어떻게 가르친 거야? 완전 인물이야, 인물.'

까칠하기로 소문난 Y실장이 전화가 왔습니다.

이직한 A는 톱스타 여배우 K의 드라마 현장에 배정이 되었다고 합니다. 여배우 K는 지적인 이미지와 청순한 미모로 톱스타로 부상하였으나 현장 피셜로는 성격 급하고 난폭하기로 소문이 자자했습니다. 최근 K는 대답을 늦게 했다는 이유로 운전 중인 매니저 뒤통수에 하이힐을 집어던진 사건이 카더라 통신을 타고 이슈가 되기도 하였습니다. 기존 스타일리스트 어시스트도 K에게 배정될까 봐 관두는 상황에 A와 K는 한 팀이 된 것이었습니다. 아니나 다를까 사건은 터졌습니다.

드라마 촬영 현장에서 화가 난 K가 A에게 이번에도 하이힐을 집어던지는 사건이 발생되었습니다. 이럴 경우 대부분의 스타일리스트 어시스트는 크게 당황하거나 기분이 나빠 현장을 관두겠다 할 것입니다.

그러나, A는 하이힐이 날아가는 방향을 향해 몸을 던졌다고 합니다. 그리고 단 한 번에 하이힐을 잡았습니다. 그리고 외쳤습니다.

'언니 제가 잡았어요.'

기가 찰 노릇입니다. K는 해맑게 웃으며 하이힐을 잡아채 들고 오는 A에게 허허허 웃을 수밖에 없는 상황이었다고 하였습니다.

바로 A는 팀장으로 승격이 되었으며, 그녀의 에피소드는 스타일리스트 실장들 사이에서 이슈가 되었습니다. 바로 다른 팀에서 모셔가기 제안이 들어와 몸값이 두 배로 뛰었으며, 그녀의 작업이 끝나기를 기다리는 팀들도 여러 팀 홀딩 되는 상황이 발생하기 시작했습니다.

스타일리스트라는 직종은 셀럽과 작업을 합니다. 기본적인 의상 스타일링 외에도 커뮤니케이션이 원활한 사람이 바로 치고 올라갈 수 있다는 장점이 있습니다. 그러다 보니 승진의 기준이 케바케, 개인차가 크며, 10년이 지나도 어시스트로 성장이 안 되는 친구가 있는가 하면, A처럼 1년 안에 성장하여 2년 안에 실장이 되는 급성장 케이스도 많습니다.

스타일리스팀은 회사 시스템이 아니어서 어시스트 때부터 네임 밸류를 높이기 위한 노력이 필요합니다. 하루아침에 스타가 되는 연예인처럼 스타일리스트들도 자신의 위치에서 최선을 다하여 네임 밸류를 높이면 스타 스타일리스트가 될 수 있습니다. 그 기회를 잡아서 내 것으로 만드느냐, 놓치느냐에 따라서 하루아침에 찾는 사람이 많아 억대 연봉의 주인공이 되기도 하는데, 1세대 스타일리스트들은 대부분이 2차 직업인 패션 홍보 대행사를 겸업하면서 청담동 빌딩의 주인공이 되기도 합니다.

여기서 키포인트는 자신만의 스타일이 있어야 합니다.

기억 속에 제일 먼저 떠올릴 수 있는 자신만의 스타일이 있어야 합니다.

본인이 작업한 셀럽의 스타일링이 이슈로 되기도 하고, 스타일링 준비과정에서 자신만의 스타일 프로세스를 가진 팀도 있고, 셀럽과 관계자 누구와도 커뮤니케이션이 잘 되는 장점을 가진 스타일도 있습니다. 일반인이 아닌 셀럽과의 작업은 커뮤니케이션이 제일 힘든 부분이기도 합니다.

같이 작업하고 싶은 매력적인 스타일이 있는 당신이라면 어떤 직종에서든 제일 먼저 스카우트 제의를 받게 될 것입니다.

나의 스타일을 만들어보세요.

남들과 같은 일을 하더라도 나의 스타일이 배어날 수 있게, 작은 일이라도 최선을 다해서 '역시 스타일이 달라' 그 소리를 듣는 순간 당신의 몸값은 금값이 될 것입니다. 같이 일 하고 싶은 사람들이 몰려들 것입니다.

불과 몇 년 전까지만 해도 직장 내에서는 있는 듯 없는 듯, 검은색도 흰색도 아닌 회색으로 살아야 베스트 직장인이었습니다. 조직이라는 트리에 자기 개발보다는 조직 서열에 맞춰 성장하는 것이 베스트였습니다.

그러나 이제는 시대가 달라졌습니다. 개인의 재능에 따라서 재택근무가 가능해지고 창의성을 발휘해서 직급에 상관없이 아이디어를 제안할 수 있는 1인 CEO 시대가 온 것입니다.

그러다 보니 규정에 맞는 유니폼 스타일이 사라졌습니다. 자신을 대변해 줄 수 있는 자신만의 스타일이 떠오르는 시대입니다. 직장 트리에 맞춘 명품 치장이 중요한 시대가 아니라 표현의 자유가 충만한 리폼의 시대라고 할 수 있겠습니다.

남과 다른 나를 대변해줄 수 있는 스타일이 있어야 합니다.

그리고, 남과 경쟁하는 시대는 지났습니다. 남과 경쟁할 시간에 나만의 스타일을 만들어보세요. 지금은 1인 CEO시대입니다. 나의 몸값은 금값입니다.

가장 먼저 떠오르는 사람,
스타일 있는 당신은 선택되셨습니다

오디션 프로그램은 단시간에 최고의 무대를 만들어야 하는 미션이 있습니다. 최종 진출자와 콘셉트가 아무것도 정해지지 않은 상태에서 단시간 내에 아무 일 없다는 듯 무대를 만듭니다. 모든 스태프가 마술사가 되는 순간입니다.

"콘셉트가 지금 막 나왔어. 너니깐 23시간 준거야. 댄서팀은 22시간 안에 안무까지 다 나와야 해~~"

야심한 밤 10시에 메인 작가의 전화가 왔습니다. 지금부터 23시간 후엔 녹화가 들어가야 합니다. 무대는 두 가수의 컬래버 무대로 무대를 가득 채워줄 백댄서 의상이 필요합니다. 소속사가 다른 가수 두 팀의 컬래버는 어느 팀만을 편애할 수 없는 상황이라 외부로 스타일을 의뢰합니다. 두 가수의 의상을 돋보일 수 있게 스타일링을 할 때도 색감이나 질감을 어느 한쪽으로 몰아서는 안 되고 공통점을 찾아서 의상을 준비해야 합니다.

보통 무대 의상은 제작을 기본으로 합니다. 그러나 23시간 안으로의 제작은 꿈에도 생각하지 못합니다. 우선은 동대문으로 출발하여 머릿속에 정리된 매장들을 돌아 디자인에 맞는 제품을 구입하고 룩에 맞출 다양한 액세서리를 시간 안에 빠른 판단으로 구입해야 합니다. 여기에 리폼을 할 수 있는 부자재도 다양하게 구비합니다.

한 무대를 장식할 백댄서들은 보통 8명에서 10명 정도이며 여기에 여러 무대를 준비하다 보면 리폼으로 작업해야 할 의상의 양이 30-40벌이 되기도 합니다.

리폼을 통해서 무대 의상을 만들고 액세서리를 매치해보고 무대에 맞는 부분들을 수정하여 현장으로 출발합니다. 이제부터 시작입니다.

현장은 항상 쫄깃쫄깃 긴장감으로 완성된 무대를 보면 짜릿한 희열감이 느껴집니다. 심장이 두근두근, 현란한 조명과 스피드하게 움직이는 스태프 '내가 살아있구나'를 실감하게 하는 마술과도 같은 공간입니다.

안무 감독님과 간단한 안무 동작을 맞춰보고 의상 착용 후 액세서리를 정리합니다. 밤새 한잠도 못 잔 메인 작가와 작가 군단들이 리허설 현장에 우르르 나타납니다. 마치 조폭 보스의 등장처럼 웅장해 보입니다. 왜냐하면 다들 잠을 못 자서 푸석푸석한 얼굴에 애써 웃어 보이지만 피곤함이 절로 뿜어져 나오는 표정들이 압권입니다.

촬영 현장은 이렇게 긴박감 있게 준비를 하고 진행을 하고 녹화에 숏이 들어갑니다. 그 뒤에는 수많은 스태프가 각 분야에서 밤 낮 가리지 않고 준비를 하며, 아티스트 또한 이런 긴박한 녹화에 최선을 다합니다. 그래서 손발이 맞는 사람들로만 구성하는 것이 또 이 구역의 룰이기도 합니다.

그때 나는 대학 전임 교수로 재직 중이었습니다. 시간을 자유롭게 쓸수 없는 상황이었습니다. 그러나 촬영이 매주 토요일로 잡히면서 메인 작가의 뇌리에 내가 스쳤다고 합니다.

"주말에 놀면 뭐해? 나와서 일하자."

놀면 뭐 하겠냐는 그녀의 말속엔 '나 좀 도와줘라'를 담고 있었습니다. 나와 메인 작가와의 만남은 MC 김원희로부터 시작합니다.

SBS '헤이헤이헤이'의 메인 MC 김원희 스타일리스트로 첫 만남을 하게 됩니다. 지금은 스타일리스트라 함은 연예인의 스태프로 개인적인 스타일링만 하다 보니 좀처럼 제작진과의 친밀감을 쌓기는 힘든 상황입니다. 그러나 그때는 메인 MC의 현장 컨디션이 중요했기 때문에 작가진은 저에게 많은 도움을 요청하는 경우가 종종 있었습니다. 촬영을 원활하게 진행해야 하는 하나의 목표를 가지고 작가진과 저는 늘 공감대를 형성하고 있었습니다. 그래서 작가와 개인 스타일리스트는 서로를 의지하며 서로 원원하는 긴밀한 사이로 변화하기 시작했습니다.
SBS '헤이헤이헤이'는 콩트 열전의 버라이어티쇼로 매주 콩트를 찍고 나서 스튜디오 촬영을 한번 더 하는 여러모로 많은 시간과 노력이 필요한 프로그램이었습니다. 메인 MC인 신동엽과 김원희는 콩트에도 출연하며 다양한 캐릭터로 변신을 해야 했습니다. 하루에도 열두 번 케릭터에 맞춰 콘셉트를 바꿔야 했습니다. 여기서 필요한 건 완벽한 준비와 스피드!

매주 게스트의 스케줄에 맞춰 촬영하다 보니 촬영시간도 일정치 않았으며 밤샘촬영은 기본이었습니다. 헤어숍을 다녀올 시간조차 주어지지 않았습니다.

캐릭터에 맞는 의상을 준비하고 여분의 소품과 액세서리를 최대한 준비를 하였습니다. 왜냐하면 게스트의 컨디션에 따라서 현장에서 대본이 수정되는 상황이 많다 보니 힘들더라도 완벽하게 준비를 해야 합니다. 여기에 매번 바뀌어야 하는 헤어스타일은 나와 김원희의 공동작품으로 시간 내에 완벽하게 다른 캐릭터를 만들어내기도 하였습니다.

간혹 애매한 캐릭터로 변신해야 하는 경우 연기자를 설득해야 하는데, 그 부분에서도 작가와의 환상콤비로 해결 못 할 일이 없었습니다.

'금 나와라, 뚝딱!! 은 나와라, 뚝딱!!'

이렇게 우리는 콤비를 이루어 매번 새로운 캐릭터를 만들어냈으며, 스케줄에 지장 없게 만드는 스피드와 현장에서 당황하지 않은 노련함으로 그렇게 프로그램 진행에 협조하였습니다.

시간은 스피드로 흘러갔고 SBS '더팬'의 메인 작가는 또 나를 소환하게 되었습니다. 왜냐면 손발이 척척 맞기 때문입니다.

그렇게 또 SBS '더팬'의 녹화 현장에서 졸음과의 전쟁을 치르며 작가진과 나는 그날 밤을 하얗게 불태웠습니다. 방송의 묘미랄까, 나이가 들어도 손발이 척척 맞는 케미를 자랑하며 메인 작가의 선택은 그렇게 프로그램의 완성미를 높여갔습니다.

"우리 임 교수는 못 하는 게 없어. 하루 만에도 의상이 가능한 건 우리 임 교수밖에 없어."

사실 나도 메인 작가의 부름이 아니면 현실적으로 불가능했을 것입니다. 그러나 그 현장에서의 짜릿한 감흥은 지금 생각해도 두근두근 셀레임입니다. 현장에서의 그 감동을 몸으로 기억하고 있는 모양입니다.

당신의 분야에서 당신은 어느 정도의 영향력을 가지고 있습니까? 당신만이 할 수 있다고, 당신을 가장 먼저 떠올려줄 수 있는 사람이 있습니까? 당신은 어떤 스타일로 사람들의 기억 속에 저장이 되어있습니까? 그 분야의 적임자로 가장 먼저 떠오를 수 있는 당신의 스타일을 만들어 보세요.

조직에 없어서는 안 될 자신만의 스타일을 만들어보세요. 당신의 연봉은 엘리베이터를 타고 최고층에 도착할 것입니다.

당신을 남들의 기억 속에 제일 먼저 떠오르는 사람으로 스타일링 해보세요. 스타일이 있는 당신은 바로 선택 될 것입니다.

대우받고 싶으세요?
스타일을 바꾸세요

스타일테이너 전성시대를 맞이하였습니다. 그야말로 채널을 돌릴 때마다, 각종 프로그램의 서브 MC로, 초대손님으로 종횡무진 활동을 하고 있습니다. TV 홈쇼핑의 패션 전문가로 활동은 기본이고, 셀럽으로 연말 시상식장에서 시상과 수상을 하기도 합니다.

스타일리스트라는 직종이 생긴 지 30년도 안 되는 시점에서, 누구는 패션 홍보 대행사 대표로, 또 누구는 대학교수로, 또 누구는 셀럽이 되어 종횡무진 활동하고 있습니다.

그러나, 스타일리스트라고 해서 다 이렇게 대우를 받는 것은 아닙니다. 연예인이 되고 싶어 하는 사람이 많은 것처럼 스타일리스트도 지망하는 사람은 많은데 사실 중도 포기가 50%이고, 실장으로의 자질 부족으로 빈곤한 스타일리스트도 부지기수입니다. 주변에서 보면 사실 연예인도 톱스타가 되어 초호화 주택에서 사는 사람도 있는가 하면, TV에 자주 출연하여 익숙한 연예인임에도 불구하고 아직까지 변변한 집 한 채 없이 지하 셋방을 사는 사람도 있습니다.

스타일리스트도 마찬가지입니다. 부익부 빈익빈이라고, 스타일리스트의 스케줄에 맞춰 같이 일하고 싶은 연예인이 한 팀에 몰리기도 하고, 일을 지속하고 싶으나 일이 안 들어와 뜻하지 않게 쉬는 사람도 있습니다.

그럼 대우받는 스타일리스트의 비밀은 무엇일까요?

스타일리스트라는 직종은 국세청 업종 분류를 보면 '방송 관련 서비스 직종'으로 분류됩니다. 스타일리스트는 의상 스타일링 뿐만 아니라 서비스 직종입니다. 그러므로, 스타일리스트는 패션 스타일링만 잘하면 된다는 생각은 버려야 합니다. 패션 스타일링은 당연히 최고여야하며 여기에 서비스 마인드가 필요한 직종인 것을 알아야 합니다.

제가 처음 연기자 스타일리스트로 입문하였을 때, 패션을 주도하는 분야는 연기자 스타일리스트 분야였습니다. 그러다 보니 당연히 패션 브랜드에서 선호하는 섭외 대상 스타일리스트가 되었고, 의상 협찬 대상 일 순위로 어디를 가든지 대우받던 시절이 있었습니다. 저를 잡기 위해 홍보대행사에서는 신상 리스트를 미리 뽑아 보내주기도 하고 시즌별 선물 증정은 기본이고, 브랜드 런칭 패션쇼의 가장 좋은 자리는 지정은 당연하였습니다,

그러나 지금은 세계 패션의 중심에 지드래곤과 블랙핑크 제니가 있습니다. 지금은 가수 스타일리스트 전성시대라고 해도 과언이 아닙니다. 그들을 잡기 위해 패션 홍보 대행사와 패션 디자이너들은 자신의 인맥을 총동원 해 어떻게든 연결하기 위해 노력합니다. 패션 홍보의

중심에는 가수 스타일리스트가 있기 때문입니다.

스타일리스트라는 직업이 대학의 학과로 자리를 잡으면서 저는 자연스럽게 대학으로 제2의 직업을 겸업하게 되었습니다. 현장의 경험을 중심으로 대학에서 학생을 가르치는 교수가 된 것입니다. 화려한 스포트라이트를 받는 인기 직종으로 선호하는 학생들의 수요가 증가함에 따라 전문적인 커리큘럼과 현장 프로세스로 후배를 양성하는 기적 같은 일이 현실에서 일어났습니다.

소녀시대 스타일리스트로 핫 이슈로 떠오른 서수경실장의 특강이 잡혔습니다. 학생들은 열광하였고, 특강 준비하는 저는 손에 식은땀이 났습니다. 한참 어린 후배 스타일리스트인데 저는 그녀와 직접적인 친분이 없었고, 가수 스타일리스와의 교류가 많지 않아 어떻게 풀어야 하나 고민이 되었습니다.

특강을 위해 그녀가 도착하였고, 담당 교수인 저는 그녀를 마중하고 안내하여야 했습니다.

'실장님 안녕하세요! 저 한혜연 실장님 어시스트였던 서수경입니다. 실장님 많이 뵈었는데 저 기억하시죠?'

그녀의 거침없는 인사에 긴장했던 저는 경계가 한없이 무너졌습니다. 그녀는 지금 소녀시대로 대박이 나서 셀럽으로 자리매김을 하였으며, 누구나 그녀가 소녀시대 스타일리스트라고만 생각하지 과거 한혜연실장 어시스트였다고 상상하는 사람은 아무도 없었습니다.

그녀의 스타일은 남달랐습니다.

누구도 자신의 과거에 대해서 자신을 낮추려고 하지 않습니다. 그러나 그녀는 자신을 낮춰서 상대방과의 온도 차이를 맞춥니다. 전략일지, 그녀의 본성일지는 모르지만, 그날 서수경실장의 특강은 성공적으로 잘 마쳤으며, 특강을 계기로 그녀는 그 대학의 외래 교수로 지금도 자리하고 있습니다.

대우받고 싶으세요? 상대방을 먼저 대우하는 애티튜드가 먼저입니다.

자신이 현재 높은 위치에 있을수록 겸손의 스타일을 만들어 보세요. 처음 대면하는 그녀의 스타일은, 이래서 그녀를 우리나라 최고의 스타일리스트가 되지 않았나 생각합니다. 누구나 쉽게 다가갈 수 있도록 자동 잠금 해제기능을 장착한 스타일이 있는 그녀에게 저는 지금도 그때의 신박함에 박수를 보냅니다.

여기서 잠깐 스타일리스트 피셜에 의하면 그녀의 장벽 없는 친근감 스타일은 패션 브랜드 VIP 고객을 위한 스타일링 클래스에서도 진가를 발휘하였다고 합니다. 그녀의 친구를 자처하는 개그우먼 Y가 친구의 행사에 같이 참여해 줌으로써 브랜드에선 1석 2조의 효과를 보았다고 합니다. 그리고 그녀는 섭외 1순위로 떠올랐습니다. 그리고 그녀의 몸값은 이미 억대 연봉을 넘어섰습니다.

소소한 주변의 하나하나도 소중히 챙기는 그녀의 스타일은 사람들로 하여금 감동을 불러옵니다. 인연이라는 것은 만드는 것이 아니라 쌓이는 것이라고 하는 말이 있듯이, 스타일이 다른 그녀의 성공은 이미 예견된 것 일지도 모르겠습니다.

나의 스타일을 체크해 보세요. 나보다는 남을 먼저 챙기고, 나를 낮추어서 상대방을 높이는 스타일에 한번 도전해보세요. 상대방의 마음을 편안하게 움직일 수 있다는 것은 대단한 능력이 아닐 수 없습니다.

대우받고 싶다면 먼저 상대방을 대우 해보세요. 소심하고 외골수적인 요즘 스타일에 딱 적합합니다. 남들에게 인정받고 싶고 남들보다 성공하고 싶고 남들보다 억대 연봉을 받고 싶다면 지금 바로 스타일을 바꿔보세요.

대우받고 싶으세요? 스타일을 바꿔보세요. 당신은 억대 연봉의 주인공이 될 수 있습니다.

출처:씨네온미디어

방과후 옥상 (2006) 의상 임승희 영화에 참여하다.

스타일은 내 옷 같은 자연스러움에서 시작합니다.
스타일링을 하였는데 내가 움직임에 제한을 받게 된다면 생각하는 것에도
버퍼링이 걸릴 가능성이 높습니다. 나의 캐릭터를 갖는다는 것은 나에게 잘
맞는 캐릭터를 입는 것을 이야기합니다.

Chapter 2

Only one,
Only the style 시대,
나만의 스타일에 미쳐라

스타일 만들지 마세요,
당신 안에 있어요

샤넬 트위드 재킷과 쇼트 팬츠를 입고, 시선은 지그시 아래로 깔고 런웨이를 걷는 블랙핑크 제니. 꾸안꾸 스타일의 그녀는 무표정의 럭셔리한 이미지를 보여줍니다. 동양적이고 글래머러스한 매력을 지닌 그녀. 순간적으로 갤럭시 S20의 충동구매 욕구를 마구마구 발동시킵니다. 광고 속 제니의 시선은 아이폰 유저마저 마음을 흔들리게 만드는 마력을 지니고 있습니다.

대중들은 광고 속 제니의 일상 스타일이 궁금합니다. 과연 그녀의 일상 스타일도 고퀄리티의 인간 샤넬 제니가 있을 것인가?

SNS 속 제니의 일상은 평범함과 소소함이 공존합니다. 특별함이 없는데도 그녀의 일상은 스타일리쉬 합니다. 화장기 없는 맨얼굴의 청순함과 크롭 티셔츠와 숏 스커트 스타일은 일반 대학생들과 별반 다를 거 없어 보입니다.

나와 다르지 않다는 것에 연예인과의 갭이 사라지고 제니와 교감할 수 있는 갤럭시 S20을 겟하게 만듭니다. 그녀의 고급진 일상에 끼어들

수 있다는 환상에 빠지기도 합니다.

제니의 스타일은 고급진 매력을 찾아내는 '과정'을 거쳐서 럭셔리함의 '시도'에 의해 탄생했습니다. 그래서 어색함이 없습니다. 마치 자기 옷을 입은 것 마냥.

스타일은 만들어지는 것이 아닙니다. 그 사람이 가지고 있는 스타일을 찾아내는 '과정'과 '시도'에서 익숙해지는 것입니다.

'프렌치 시크'하면 떠오르는 셀럽은 정려원이 아닐까요?

굳이 멋을 내지 않아도 본인의 자연스러운 맛이 풍기는 패션과 라이프 스타일의 프렌치 시크. 정려원의 SNS를 보면 프렌치 시크 무드가 느껴지는 내추럴한 일상이 화보처럼 펼쳐집니다. 정려원의 패션 센스가 돋보이는 일상 사진은 여느 화보집을 보는 듯 흥미를 자아냅니다.

그녀의 프렌치 시크에는 내추럴 무드가 베이스로 깔려있습니다. 가벼운 메이크업과 딱 떨어지는 웨이브가 아닌 가볍게 말리고 나온 듯한 폼 웨이브 헤어스타일과 야리야리한 체구에 박시스타일 아우터 등 과한 꾸밈없이도 정려원의 아름다운 매력이 묻어 나오는 스타일입니다. 캐주얼하고 심플한 룩을 선호하는 사람들은 관심 폭발합니다.

평소 클래식 아이템을 활용한 스타일링을 자주 선보이는데 그중에서도 정려원은 트렌치코트를 사랑합니다. 클래식한 디자인부터 다양한 디자인의 트렌치코트를 소화하는 모습을 볼 수 있습니다. 여기에 화이트 운동화부터 첼시 부츠 등 무채색의 슈즈와 매치하여 프렌치 시크의 정석을 보여줍니다.

심플한 아우터에 컬러감이 드러나는 머플러와 매치한 룩을 자주 보여주는데, 머플러뿐만 아니라 쁘띠 스카프를 가방에 참처럼 매거나 헤어 스타일링에 활용하는 센스를 발휘하는 등 다양한 프렌치 시크 룩의 일상을 화보처럼 보여줍니다.

드라마에서 보이는 정려원의 스타일도 기본 베이스가 프렌치 시크입니다. 그녀가 가지고 있는 패션의 유전자를 기반으로 캐릭터 스타일링을 진행합니다.

정려원 스타일의 키워드는 바로 로맨틱 &내추럴입니다. 화려한 레이스 디테일의 시폰 플레어스커트에 로고 베이식 티셔츠와 스니커즈를 매치하는 스타일로 사랑스러우면서도 편안한 분위기를 연출하기도 합니다.

정려원은 드라마 속 캐릭터에 자신의 스타일 결을 잘 표현할 줄 아는 배우입니다. 오피스룩이라도 그냥 다 같은 오피스룩이 아니라 정려원표 스타일이 완성됩니다. 스타일은 만들어지는 것이 아니라 내 안에 스타일을 발굴해내어서 자신에게 가장 잘 맞는 것을 하는 '과정'과 스타일링을 하는 '시도'를 거쳐서 탄생됩니다.

우리는 익숙한 스타일링에 안정감을 받습니다. 좀 더 과감한 스타일은 '시도'조차 하고 싶어 하지 않습니다. 누군가에게 눈에 띄는 것에 대한 부담감도 있지만, 안전함을 추구하기 때문입니다.

자신에게 가장 잘 맞는 패션을 알게 되는 과정에서 자신의 스타일을 찾는 것은 일종의 성장통과도 같은 것이라 하겠습니다. 때로는 실패도 하고, 또 새롭게 찾아내기도 합니다. 스스로 완벽하게 파악해서 자기 자신만의 스타일을 갖추게 되는 것인데 자기만의 독보적인 스타일을 찾게 됩니다.

연예인과의 작업 시작은 그들 안에서 그들을 찾는 과정을 거칩니다. 첫 만남에서 옷 이야기부터 하는 것이 아니라 그들의 지금 생각과 라이프 스타일, 가치관 등 사적인 이야기로부터 시작합니다. 그러다 보면 그들이 가지고 있는 스타일에 관한 고유성이 나옵니다. 옷을 입을 때 가장 중요하게 생각하는 부분부터 자신감을 갖게 하는 컬러와 디테일 등을 뽑아냅니다.

그리고 캐릭터에 맞는 스타일을 적용하는 과정이 스타일링입니다. 정려원만의 프렌치 시크도 그렇게 탄생이 되었습니다. 드라마 마다 각기 다른 캐릭터를 소화해내는데 그 안에는 다른 사람이 아닌 정려원이 그대로 살아서 보여 집니다.

스타일은 만드는 것이 아닙니다. 유행하는 트렌드를 그대로 스타일링 한다 한들, 잠깐 스치는 유행이 지나가듯 당신의 스타일은 흔적도 없이 사라질 것입니다.

나의 스타일을 찾아보세요. 바로 당신 안에 스타일이 있습니다.

캐릭터를 찾아보세요,
세상에 단 한 명 당신입니다

"아빠 계획이 뭐예요?"

"제일 좋은 계획이 뭔지 아니? 무계획이야! 인생이란? 계획을 하면 계획대로 안 되거든!"

영화 '기생충'의 기우와 기택의 대사입니다. 영화는 명대사 하나로 오랫동안 사람의 기억에 남습니다. 올라갈 계단이 있는 집에 사는 상류층 박 사장과 계단을 한참 내려가야만 들어갈 수 있는 빈곤층의 기택에 집이 있습니다. 상류층과 빈곤층의 극한 상황에서 극한 캐릭터가 탄생하였습니다.

"부자니깐 착한 것이지."

"부자들이 순진하고 꼬임이 없어."

박 사장 집에는 좀 어눌해 보이는 박 사장의 부인 연교가 있습니다. 연교의 백치미는 집에 키우는 개까지 개무시 할 정도입니다. 개는 원래 주인으로 생각하는 사람을 따라다니는 습성이 있습니다. 그러나 연교가 집안을 돌아다닐 때 개는 전혀 따라다니지 않습니다. 그러나 박 사장과 문광 여사는 잘 따라다닙니다. 그런 연교의 순진함에 기택 가족은 다들 박 사장네 집으로 들어가기로 결심하게 됩니다.

그러나 보이는 것과 보이지 않은 부분은 컸습니다. 박 사장 부부는 기택이나 기우에게 순진함을 가장한 상류층에서 내려다보이는 빈민층에 대해서는 관대하지 않았습니다.

속고 속이는 관계로의 희열이 느껴지는 영화~

한국 영화의 역사를 다시 쓴 영화 '기생충'에는 다양한 캐릭터들이 살아 있습니다. 세계가 열광하고 칸이 인정한 이유는 캐릭터의 생명력 때문입니다.

"기생충이 저에겐 되게 큰 영화적 모험이었다. 독특하고 새로운 영화가 가능했던 건 함께 한 아티스트들 덕분이다."라고 봉준호 감독이 칸 황금종려상 수상을 밝혔습니다.

송강호는 봉준호 감독의 페르소나입니다. 송강호는 봉준호 감독 덕분에 배우다운 배우가 되었으며, 봉준호 감독은 송강호 때문에 세계 거장의 반열에 올라서게 되었습니다.

감독과 배우의 페르소나는 그래서 매우 중요합니다. 배우의 백지화된 캐릭터에 생명력을 불어넣어 주는 감독이 있습니다. 처음 작품을 계획하면서 송강호가 가지고 있는 캐릭터를 살려서 인물을 설정하고 배역에 캐릭터를 입혔습니다.

송강호를 배우로 각인시킨 작품 '넘버 3'는 한석규 주연의 영화지만 말 더듬는 어리숙한 조폭 송강호의 캐릭터화에 성공한 케이스 입니다. 불안정한 시선으로 단어 하나하나를 끊어가며 내지른 말투는 송강호가 아니면 도저히 해낼 수 없는 역할이었습니다. 이것은 송강호가 가지고 있는 고유한 캐릭터로 이후 이창동, 김지운, 박찬욱, 봉준호, 한재림, 장훈 감독을 만나면서 다양한 캐릭터로 연기의 스펙트럼이 넓어져 갔습니다.

송강호는 봉준호의 페르소나로 '살인의 추억'을 시작으로 '괴물', '설국열차'를 함께 하였으며, 세기의 명작 '기생충'을 만나게 됩니다.

시니컬한 시골 형사 송강호는 "밥은 먹고 다니냐"의 명대사를 유행시켰으며, '괴물'에서 송강호는 괴물에게서 딸을 구하려고 고군분투하는 아버지 캐릭터를 소화해냈으며, 봉준호 감독은 '설국열차'에서 '캡틴 아메리카'의 히어로 크리스 에반스와 송강호, 이렇게 투톱 배우를 주인공으로 내세웠고, 송강호의 캐릭터는 할리우드 스타에게 결코 밀리지 않는 카리스마를 드러내기도 하였습니다.

그는 어떤 역을 맡아도 '송강호 스타일 캐릭터'를 만들어냈고, 그것으로 그 직업, 계층, 성격, 분위기를 절대적으로 창조하는 힘을 가지고 있는 캐릭터를 만드는 마술사 입니다.

배우는 극 중의 캐릭터를 만들어야 하는 직업입니다. 스타일도 캐릭터를 만드는 과정과 같습니다. 내가 지금 어떤 직업인지, 내가 결혼을 했는지, 미혼인지, 내가 가족과 같이 사는지, 혼자 사는지 다양한 라이프 스타일에 맞춰 만드는 것이 스타일입니다.

여기에 가장 중요한 것은 그 사람이 가지고 있는 스타일의 고유성입니다.

최신 유행 핫 인싸템을 장착한다고 다 스타일 있는 사람이 되는 것은 아닙니다. 내가 아무리 인싸템으로 풀장착 스타일링을 하였어도 어색해진다면, 마치 나의 옷이 아니라 빌려 입은 옷처럼 느껴진다면 스타일링에 실패한 것입니다.

스타일은 내 옷 같은 자연스러움에서 시작합니다.

스타일링을 하였는데 내가 움직임에 제한을 받게 된다면 생각하는 것에도 버퍼링이 걸릴 가능성이 높습니다. 나의 캐릭터를 갖는다는 것은 나에게 잘 맞는 캐릭터를 입는 것을 이야기합니다.

송강호가 가지고 있는 고유의 캐릭터를 잘 살릴 수 있게 감독은 배역을 만듭니다. 송강호가 연기하는 배역이 성공하는 이유도 송강호식 캐릭터로 소화하였기 때문입니다.

나의 스타일로 캐릭터를 만들어 보세요. 나만의 스타일로 남다른 캐릭터를 만들어보세요. 누구도 대신할 수 없는 나만의 스타일 캐릭터는 내가 필요한 그 순간 나를 찾게 만들 것 입니다.

세상의 단 하나뿐인 캐릭터로 스타일이 강한 당신을 사람의 기억 속에 각인 시켜보세요.

　당신은 인생 영화 속 송강호 배우가 될 수 있습니다. 당신만의 고유성으로 캐릭터를 만들어보세요. 세상의 단 하나뿐인 당신의 스타일은 인생 영화 속 주연 배우로 각인될 것입니다.

남과 다르다고요
스타일 왕따 세상의 중심입니다

혼 족의 전성시대를 살다 보니, 소통은 통화보다는 카톡으로, 감정 표현은 이모티콘에 의존하며, 지금 나의 기분과 상태를 알려주는 SNS 속 비대면의 다소 당황스러운 시대를 살아가고 있습니다.

어려서부터 어르신들은 얼굴을 마주하고 대화하는 것을 예의로 가르쳤건만, 이젠 목소리로 대화하는 것도 껄끄러운 세상이 되었습니다.

사람의 첫인상은 3초 만에 결정이 된다고 합니다. 어떤 기준으로 결정을 하는 것일까요? 순수한 눈망울과 선해 보이는 인상, 단정한 옷차림?? 꼰대들이나 하는 말로 치부되는 모범답변들 입니다.

바로 스타일이 있어야 합니다. 첫인상은 그날의 헤어와 메이크업, 의상 스타일링 그리고 그 스타일에서 유추되는 직업, 인상의 강약에 따라 덤벼도 되는 사람과 피해야 하는 사람으로 구분됩니다. 딱 3초 안에 사람들은 그 사람을 스캔하는 것입니다.

나의 20대는 탤런트 김희선의 폭탄머리 펌에 퍼프소매 티셔츠에 다리가 길어 보이는 나팔진의 스타일이었습니다. 대중 속에서도 단연 눈에 띄는 스타일!! 누가 봐도 '나 패션 해요~~' 스타일 이었습니다.

40대의 나의 스타일은 음악 방송을 마치고 내려오는 아이돌 그룹 샤이니 멤버 하나가 '안녕하세요~~ 샤이니입니다'로 시작하여 피아노 건반을 치듯 하나, 둘, 셋, 넷, 다섯~~ 도미노 인사를 연발하게 만들었고, MBC 스튜디오 로비 스치는 연기자들도 '안녕하세요~~'를 하게 만드는 스타일로 변합니다.

나의 스타일이 그들에게는 엔터에이먼트 대표로 비추었나 봅니다. 와이드 팬츠에 화이트 면 셔츠 그리고 와이드 핏 재킷과 실버 팬턴트 네크리스를 레이어드 한 모습에서 그들은 나에게 묻지 않습니다. 그냥 3초의 판단 후에 인사하고 보는 것입니다. 어떤 일을 하든 상대방으로부터 대우받는다는 것은 참 유쾌한 일이 아닐 수 없습니다.

전문대 패션과를 졸업한 친구는 동대문 도매에 자리 잡기 위해 소매로 옷 가게를 준비하는 과정에서 그래도 스타일리스트인 나에게 도움을 청했습니다. 옷 가게의 콘셉트는 20대 중반부터 30대 초반까지이고, 처음 진열할 아이템과 액세서리를 같이 골라 달라는 것이었습니다. 뭔가 전문가의 조언이 필요했던 모양입니다.

그러나 저는 연예인 스타일리스트이다 보니, 평범한 것보다는 남과 다른 스타일 연출에 특화된 직업을 갖고 있습니다. 제 눈에 들어오는 아이템은 '설마 저걸 입겠어?', '저걸 누가 입어? 연예인이야?' 하는 아이템들만 손이 갔습니다.

그녀의 옷 가게는 개나리, 진달래 향연의 화사한 컬러과 화려한 규빅이 큼지막하게 들어간 블링블링 액세서리로 문을 열었습니다.

결과는 폭망 이었습니다. 사람들은 베이식한 컬러와 아이템을 선호하였습니다. 보이는 것에 보수적인 그때, 남과 다름은 연예인의 전유물이었나 봅니다. 그러나 저는 지금도 그때의 왕방울만 한 하트 큐빅이 포인트로 들어간 머리핀을 아직까지 애장템으로 가끔 착용하기도 합니다.

친구의 가게는 화려함이 아닌 평범함으로 콘셉트를 바꾸게 되면서 승승장구하게 되었습니다. 그리고 동대문의 도매시장에 잘 안착하였습니다. 그러나 지금은 첫 스타트의 화려했던 콘셉트로 다시 바꾸기 시작했습니다. 스타일 있는 콘셉트가 살아남는 세상으로 리셋 되었기 때문입니다. 리미티드 에디션 아이템에 사람들은 움직이기 시작했고, 사람과 사람 속에서 자신의 존재감 필살기 스타일의 전성시대가 개막되었습니다. 저의 콘셉트는 시대를 앞서 갔던 모양입니다.

스타일링을 위한 의상 준비과정도 예전과는 많이 달라졌습니다. 샘플 위주로 판매하지 않는 아이템을 선호하다 보니 돋보이는 의상 하나가 같은 옷 다른 느낌의 스타일링을 보여줬었습니다. 독특한 의상일수록 스타일링보다는 옷만 이슈가 되기도 하였습니다.

그러나 지금은 여러 브랜드와 샘플, 디자이너 브랜드의 리미티드 에디션의 스타일링으로 단연 나만의 스타일링을 선호하게 되었습니다. 여러 가지 브랜드가 믹싱이 되는 것이기 때문에 남과 다름을 표현하기가 수월해 졌습니다. 여기에서 팁은 베이식 한 의상일수록 더 클래식

하게 표현하면 스타일링이 돋보일 수 있습니다.

직업과 상관없이 스타일이 좋은 사람은 일단 호감을 갖게 되고 인기도 많아집니다. 예를 들어 두 사람이 있습니다. 같은 직종에서 일하는 수준도 같다면 당신은 과연 어떤 사람과 작업을 희망할까요?

아마도 스타일도 좋고 일도 잘하는 사람을 선호하게 될 것입니다. 왜냐하면 사람들은 자신의 시선에서 사람을 평가하기 때문에 스타일이 좋은 사람과 자신을 같은 레벨 상에 두고 동일시하여 생각하기 때문입니다. 스타일이 좋다는 것은 일단 점수를 먹고 들어간다 해도 과언이 아닙니다.

현시대를 살면서 공정한 평가에 높은 점수를 받고 싶다면 나만의 스타일을 가져보세요. 유행을 따라가지 말고 나의 매력을 살려줄 수 있는, 나만 할 수 있는 스타일. 대중과 차별화된 스타일 왕따가 되어보세요.

혼 족의 시대, 자신만의 아이디어로 네임 밸류를 높이는 시대에 살고 있습니다. 천년만년 규격화된 직장에서 남과 같은 생각을 해야만 대우받던 시대는 이미 갔습니다. 유니크한 생각과 발상이 전문적으로 발전하는 시대입니다.

당신의 네임 카드는 바로 당신입니다. 남과 다르다고요~ 스타일 왕따!! 오늘부터 당신은 세상의 중심입니다.

혼족, 혼밥, 혼 스타일
당신의 경쟁력입니다

MBC 예능프로그램 '나 혼자 산다'는 지금 고공 흥행 행진 중입니다. 처음 프로그램을 기획할 당시 리얼 버라이어티로 남의 사생활을 탐구하는 콘셉트로 출발하여 중간에 시행착오를 거쳐서 현재는 최고의 인기 프로그램으로 자리를 잡았습니다. 여기에 최고의 조력자는 혼자 사는 연예인들의 다양한 라이프 스타일입니다. 등장 연예인의 취미는 물론, 사는 집의 인테리어나 사용 중인 소형 가전제품들이 방송 직후 실검에 등장할 정도로 인기가 대단합니다. 이것은 우리 사회의 가족 구성이 4인 가구에서 1인 가구 중심으로 라이프 스타일이 변해가고 있음을 의미합니다. 이처럼 혼자 사는 1인 가구를 지칭하여 혼 족이라고 새로운 형태의 라이프 스타일이 나타나고 있습니다. 자이든 타의든 혼 족은 지속적으로 탄생될 예정이며 사회 전반적인 구조조정이 시작되고 있습니다.

혼 족의 애플리케이션이 등장할 만큼 혼자서 할 수 있는 공간과 생활이 보편화 되어가고 있습니다. 애플리케이션을 통하여 다양한 메뉴의 식당을 고를 수도 있고, 혼자 고기를 구워먹을 수 있는 혼 족을 위한 식당들이 늘어나고 있는 추세입니다.

화사의 혼자 곱창 먹는 장면은 처음엔 충격으로 다가왔지만, 방송을 타면서 혼자 곱창을 먹는 혼 족이 넘쳐나기 시작하였고, 심지어 곱창의 대유행을 불러일으키기도 하였습니다. 이후 곱창뿐만 아니라 다양한 혼 족 전용 식당이 생겨날 만큼 급속도의 변화가 일어났습니다.

혼 족의 대표주자 최화정의 '밥 블레스 유'를 통해 방송을 탄 튀김기는 실검 1위를 달리며 품절 사태를 불러일으켰습니다. 혼자서도 우아하게 자신만을 위한 라이프 스타일이 대중으로부터 공감대를 끌어냈으며 혼 족에게는 유익한 정보로 작용하였기 때문입니다. 혼 족의 탄생과 함께 제2의 전성기를 맞이한 최화정은 홈쇼핑에서도 그녀가 픽한 상품에 대한 판매율은 상상을 초월하게 높아져 갔으며, 패션, 뷰티, 가전, 주방기기 등 다양하게 스펙트럼을 펼치고 있습니다. 바로 혼 족의 전성시대인 것입니다.

변화는 혼 족 만이 아니라 지속하는 경제 불황이 원인인 딩크족과 자기관리에 철저하며 문화 및 소비생활에도 적극적인 노인세대의 새로운 신인류 액티브 시니어의 등장도 사회적인 변화는 급물살을 타고 있습니다.

조직구조의 변화로 구속을 탈피해서 자신의 삶을 사는 혼 족은 일코노미의 급부상으로 혼밥, 혼술 등 혼자 하는 일상이 보편화 되어 1

인 가구를 위한 제품과 공간들이 나타나는 현상을 가져왔습니다.

혼족은 나심비('나의 심리+가성비'의 합성어)를 중심으로 쇼핑을 하고 슬세권('슬리퍼로 생활 가능한 세력권')의 패션을 즐깁니다. 외로움을 채워줄 반려동물의 시장이 확대되며 자신만의 라이프 스타일이 형성됩니다.

사회적인 트렌드의 변화로 탄생된 혼 족의 시대를 살아가기 위해서는 나만의 스타일을 즐길 줄 알아야합니다.

핵 인싸가 되기 위해서는 나만의 혼 스타일이 필요합니다.

'나 혼자 산다'의 MC박나래는 프로그램 초반 평범한 빌라에서의 혼 스타일을 보여주었습니다. 개그우먼으로 힘들게 상경하여 마련한 혼 집은 그리 화려하거나 럭셔리하지 않았습니다. 프로그램의 시청률만큼이나 박나래의 인기는 고공행진에 인지도가 급상승하였고, 인지도에 맞는 재력으로 지금은 한남동의 고급 빌라에서나래바가 성황리에 운영 중에 있습니다. 혼 스타일은 나의 경제 수준에 맞춰 나만의 스타일을 연출할 수 있다는 단면을 보여주고 있습니다.

내가 가진 만큼 한도 내에서 혼 스타일을 즐기며, 그것을 부끄러워하지 않는 게 특징입니다. 나의 라이프 스타일이기 때문이지요.

박나래의 패션 스타일을 한번 들여다보겠습니다.

웰시코기를 연상시키는 짧고 굵은 다리와 나래바 사장다운 술로 빚어진 튼실한 살집들, 흔한 옆집 언니 프로포션입니다. 요즘 세대 핫 인싸 패셔니스타로 떠오르는 그녀의 패션은 단점을 극복한 극한의 스타일링 전법입니다.

화려한 스타일과 디테일을 선호하며, 스타일에 한계점 없는 자신감은 그녀를 더욱더 호감형으로 만들어주는 요소이기도 합니다. 게스트가 아닌 메인 MC다운 화려한 스타일을 여과 없이 즐기고 있는 스타일링입니다. 미니멀리즘 시대 패션 속에서 다소 과장되어 보일 수 있지만 그녀의 체형엔 화려함이 오히려 시선을 자극하여 한 번이라도 그녀를 더 보게 하는 마력의 패션 센스를 가지고 있습니다. 개그우먼다운 화려한 입담까지 더해져서 그녀의 혼 스타일은 혼 족의 롤 모델이 되었습니다.

패션 스타일도 혼 족에 맞추어 변화하고 있습니다.

나를 잘 대변해 줄 수 있는 패션 스타일은 혼 족에게 굳이 설명하지 않아도 되는 스타일입니다. 사회적 인식이나 유행보다는 자신만이 스타일을 즐기는 나심족은 자기만족의 스타일을 즐깁니다. 그리고 SNS를 통하여 그 스타일을 공유하고 즐깁니다. 서로 아는 사이도 아닌데 말입니다. 혼 족의 스타일은 그래서 더 유니크하면서 매력적입니다.

외롭지 않고 불안하지 않은 혼 족의 시대, 스타일이 경쟁인 시대를 사는 지금 당신의 혼 족 스타일을 점검해보세요. 매력적인 당신의 혼 족 스타일은 사회적 시스템의 교체로 대중 속에 커다란 경쟁력이 될 것입니다.

혼자 살 수밖에 없는 혼 족이 아니라 혼자임을 즐기는 혼 족으로 나만의 스타일을 만들어보세요. 혼자여서 더 자유로운 스타일, 혼자여서 더 집중할 수 있는 스타일!

세상은 그런 혼 족의 스타일을 찾고 있습니다. 당신만의 혼 스타일은 당신의 경쟁력입니다.

스타일 있는 당신,
오늘부터 인플루언서입니다

X세대인 우리 시대에는 미스코리아가 꿈이었고, 대통령이 되고 싶어 했습니다. 본인의 꿈일지 엄마 아빠의 대리만족일지는 몰라도 1% 가능성도 전혀 없는 아주 희박한 꿈을 꾸고는 하였습니다.

밀레니엄 세대들의 꿈은 연예인이 대부분 입니다. 도박과도 같은 직종인 연예인은 자고 일어나 보니 스타가 되어서 벼락부자가 되는 꿈을 꾸고는 합니다. IMF 이후 안정적인 직장의 틀이 무너지고 나서부터 아이들은 연예인 지망생으로 몰려들기 시작하였습니다. 개나 소나 말이나 닭이나 다 가수이고, 다 아이돌이고, 다 연기자 지망생으로 둔갑하게 만든 것입니다. 지금은 미스코리아 되는 것이 연예인 되는 것보다 더 가능성 높지 않을까 하는 생각이 들기도 합니다.

요즘 아이들의 희망 직종은 대통령이나 연예인이 아니라 유튜버 입니다.

동영상 플랫폼 인 유튜브의 크리에이터이며, 신박한 아이템이나 브이로그로 대중과 소통할 수 있는 새로운 커뮤니케이션 플랫폼으로 대중적 영향력을 선보이며, 팔로우 수에 따른 수익창출구조로 누구나 자신의 콘텐츠로 대박의 꿈을 이룰 수 있습니다.

그러다 보니 세상에 태어난 아이부터 80대 할머니까지 남녀노소를 막론하고 크리에이터로서의 활동이 활발해졌습니다.

영상 커뮤니케이션의 중심에는 콘텐츠와 스타일이 있습니다. 콘텐츠의 팔로우를 늘리기 위해서 스타일 전략이 있어야 합니다. 나의 콘텐츠의 장르에 따라서 코미디, 토크, 뷰티, 일상, 게임, 토이, 동물 등으로 나눌 수 있는데요. 콘텐츠의 시선을 잡기 위해서는 채널의 스타일이 팔로우를 좌우하기도 합니다. 유튜브의 콘텐츠는 정답이 없습니다. 서로 소통하여 '좋아요'를 누르고 구독 신청과 함께 댓글을 남기게 되면 콘텐츠의 스타일에 빠지게 되는 것입니다.

학교에서도 단연코 인플루언서의 위력은 정말 대단했습니다. 교복을 벗고 교정을 거니는 새내기 대학생의 대학 생활에 영향력을 행사하는 것은 교수도 아니고 선배도 아니고, 잘생긴 복학생도 아닌 고등학생 때부터 활동하다 대학에 입학 한 인플루언서의 한마디 말입니다. 학과를 선택하고 학교를 선택할 때도, 그들의 미래에 대한 영향력 역시 같은 또래의 인플루언서의 활약이 대단했습니다. 요즘 대학은 수시 면접으로 대학 입학이 가능합니다. 수시 면접 당일 면접 도우미로 참석 한 2학년 과대는 면접을 온 아이들 세계에서는 아이돌과 같은 존재로 대기실이 웅성거리기 시작했습니다.

우리 학교 우리 과를 선택한 이유가 정말로 어이없이 우리 과의 과대 인플루언서가 다니는 대학이라서 입니다. 2년제 전문대라 새내기들이 들어오면 바로 과대는 졸업할 텐데도 말입니다.

그 친구는 지역 행사의 커버 댄서팀의 일원으로 부산과 대구에서는 꽤나 유명하였습니다. 아이돌 커버 댄스를 추는 팀원들은 하나같이 비주얼에 광이 났습니다.

인터넷 단체 방송도 있지만, 개인 방송도 진행하면서 팔로우 수가 엄청나며, 수익을 거두어들이는 인플루언서로 거듭 난 것이었습니다. 인플루언서 인 과대는 본인이 춤을 추는데 멋지고 편한 옷을 만들고 싶어서 입학하게 되었다고 하였고, 패션 스타일리스트과라 좀 더 대중 미디어를 쉽게 접할 수 있을 것을 예상하고 왔다고 했습니다. 부산의 4년제 의상학과 1학년을 다녀본 결과 이론 중심의 의상학과는 자신과 맞지 않다고 판단하여 자퇴하고 선택한 케이스입니다. 그러다 보니 과대를 추종하는 패션을 사랑하는 예비 대학생들은 패션 스토리가 있는 인플루언서 과대에게 관심을 갖게 되는 건 당연한 일인지도 모르겠습니다.

인플루언서로 학교생활은 늘 그녀에겐 핫한 방송의 소재로 또 자기 스타일을 연출할 수 있는 공간이기도 하고 콘셉트를 잡아서 콘텐츠를 만드는 재생소로써 훌륭하였습니다. 그리고 과대의 특권이라고 할 수 있는 교수님의 사랑을 독차지하기까지 하였습니다. 왜냐하면 저도 핫인싸 인플루언서를 좋아하니까요.

대구 패션 산업연구원의 창업 인큐베이터 프로그램에 대구의 4년제 의상학과 재학생들과 경연을 통하여 최종 10팀에 2년제 패션 스타일리스트학과의 그녀가 선발되었습니다. 물론 4년제 교수 같지 않은 종 잇장 같이 하염없이 얇디얇은 2년제 교수의 수다스러운 지원이 조금 그 힘을 발휘하긴 했지 말입니다.

그리고 그녀는 당당히 1등으로 스타트를 끊었습니다. 왜냐고요? 그녀의 화려한 말솜씨는 4년제 의상학과 학생들에겐 찾아볼 수 없는 인플루언서로서의 당연한 결과이기 때문입니다.

2차 경연은 '대구 국제 패션 문화 페스티벌'에서 자신의 창업 아이템의 현장 판매 실적 및 현장 호응도를 체크하는 미션이었습니다. 10개의 부스가 차려졌고 나름 창업 아이템에 대한 디자이너의 부스의 스타일링이 들어가 나름 각각의 콘셉트에 모습을 드러냈습니다, 드디어 날이 밝았습니다. 10개 부스 앞으로 길게 줄이 늘어서 있었습니다. 도화선 같은 줄의 근원지는 바로 인플루언서 그녀의 부스에서 줄이 시작됐습니다. 뽀로로 우유 맛 음료수와 과자들이 부스 뒤를 가득 메웠습니다. 현장 판매는 이미 매진이었고, 한 명 한 명 같이 사진도 찍어주고 나름 사인도 해주면서 인플루언서는 그렇게 그날 현장 호응도의 최고점을 달렸습니다.

대구 패션 산업연구원에서는 창업 인큐베이터 프로젝트에서 예상밖의 결과를 냈습니다. 4년제 의상학과 재학생들의 완성도 높은 고퀄리티의 작품보다는 다소 완성도는 떨어지고 고가의 제품도 아니지만 인플루언서 예비 디자이너의 홍보 파워에 100점 만점에 100점을 주었습니다.

이제 대학은 변화하기 시작했습니다. 인플루언서 관련 수업이 개설

되고 수시 면접에서 유튜브나 인스타그램의 팔로우 수가 가산점을 양산해 내기도 합니다.

요즘은 연예인보다는 인플루언서 전성시대입니다. 나만의 스타일의 콘텐츠를 만들어 보세요.

사람들에게 나의 스타일로 나의 콘텐츠와 소통을 해보세요. 이제 면대 면이 아닌 영상과 SNS를 통하여 사람들의 온기와 진심이 전달 될 그날이 올 것입니다.

스타일이 중요한 시대, 당신의 콘텐츠 스타일로 오늘부터 인플루언서에 도전해보세요.

좌절하고 계시나요?
당신의 그런지 룩 스타일은 오늘도 맑음입니다

패션 좀 한다는 놈들의 핫 플레이스가 홍대로 옮겨왔습니다. 홍대 골목골목 힙쟁이들로 넘쳐나는데 얼핏 봐서는 노숙자 같기도 하고 거렁뱅이 같기도 한 희한한 패션입니다.

음악을 하는 셀럽의 패션은 패션시장에서 영향력을 발휘하게 된건 이미 오래된 화두이기도 합니다. M-net 오디션 프로그램 '쇼미 더 머니'의 힙 한 래퍼 패션은 스트리트와 자유를 외치면서 트렌드와 접목한 새로운 마니아 패션을 만들어 냈습니다.

구속받지 않고 자기 편한대로 입고 싶은대로 입는 패션 피플의 욕망을 반영하여 감각 있는 패션으로 핫 하게 떠오르는 딘키드밀리룩이 대세입니다. 딘키드밀리룩이란 가수 딘과 래퍼 키드리의 합성어인데, 둘의 패션이 그들이 추구하는 음악과 함께 SNS를 통하여 홍대 패션의 흐름을 좌지우지하고 있습니다. 젊은 층의 큰 지지를 받으며, 현재 패션 트렌드인 미니멀과 그런지 룩의 절묘한 조합을 보여주고 있습니다.

지금을 살아가는 현대인들의 단상을 보여주는 그런지 룩은 자신의 개성과 자유를 표방하며 하이패션과 엘리트주의에 대한 반발로 시작하여 편안함과 자유스러움을 추구하는 패션 스타일을 말합니다.

자신을 자유롭게 표현할 수 있는 능력은 대단한 것입니다. 패션은 나의 일상과 나의 내면을 표현해 줍니다. 일상은 늘 글루미하고, 맑음보다는 우중충합니다. 일상의 상태에서는 나 자신을 숨기고 싶어 하기 때문에 어둡고 칙칙하고 불편하지 않은 옷을 매치하게 됩니다.

홍대를 오가는 젊은이들은 미래에 대한 큰 애착이 없는 욜로 세대입니다. 지금이 가장 중요하고 나의 현재 상태가 중요합니다. 그러다 보니 음악과 아트 워크 같은 '서브컬처'에 큰 영향을 받으며, 스트리트 무드와 빈티지 웨어의 새로운 가능성을 표현해 주는 그런지 룩이 대세로 떠오르고 있습니다.

힙합이 다시 돌아왔습니다.. SBS 오디션 프로그램 '더 팬'의 출연자 중 매니지먼트사가 아직 정해지지 않은 뮤지션 콕배스의 스타일링 의뢰가 들어왔습니다.

음악이 좋아서 자기 음악을 만들고 공연하는 아직 젊고 가난한 뮤지션 콕배스. 매니저가 없어서 친구의 차를 얻어 타고 다니고, 친구의 옷과 신발도 빌려서 공연을 하는 젊은 청춘이었습니다. 잘생긴 외모는 아니지만, 어딘가 모르게 눈길을 끄는 작은 눈웃음과 옷 입히기에 딱 적당한 프로포션을 가지고 있었습니다. 그와의 인터뷰를 통해서 그의 젊은 청춘과 음악을 위한 포스트 그런지 룩을 스타일링 해 보았습니다.

패치워크와 멀티컬러의 체크 셔츠, 스크래치 난 티셔츠와의 레이어드, 그리고 힙쟁이의 핫 아이템 클리퍼까지 갖추고, 때로는 빈티지한 가죽 재킷과 베레모와 선글라스까지 모든 스타일을 소화해 냈습니다.

그의 무대는 언더그라운드에서의 자유로움이 존재했고 또 그런지 룩이 무대와 어울렸습니다. 화려한 의상을 입고 군무를 추는 아이돌 그룹이라면 상상도 못 할 일이었습니다.

인생의 빈티지함이 패션의 그런지 룩을 만나서 그만의 색감을 만들어 낸 소중한 순간이었다고 저는 기억합니다.

사람과의 소통이 힘든 현대를 살아가는 사람들에게 일상이 주는 무거운 강박감을 표현할 수 있는 패션이라서 젊은 청춘이 살아가는 홍대에서 강하게 반응이 일어나고 있는 건 아닌가 하는 생각을 해 봅니다.

'부족함의 미학' 그런지 룩은 좀 더 자유롭고, 조금 더 생기 있는 삶을 이야기합니다.

빈티지하고 낡았거나 너무 크고 작은 사이즈에 더럽고 지저분한 느낌을 주는 그런지 스타일의 대표주자로 배우 류승범을 뽑을 수 있습니다. 솔직히 말해서 류승범이 그렇게 키가 큰 편도 아니고 얼굴이 특출나게 잘생긴 건 아니지만 개성과 남과는 다른 아우라가 묻어나는 사람이라는 생각이 듭니다. 그의 생동감 있는 연기는 실제 인물인가 싶기도 하고, 그의 패션은 늘 뭔가 꾸미지 않았는데도 불구하고 스타일리쉬하여 한 번 더 바라보게 만드는 매력을 갖고 있기도 합니다.

영화와 드라마로 스타일을 보여주던 찐배우에서 이제는 유럽에 장기간 휴가를 떠난 노마드 라이프를 즐기고 있으며, 잡지와 광고를 통해서 보여주는 내추럴 한 류승범의 그런지 룩은 더욱 그만의 매력에 빠지게 만듭니다.

류승범 만의 5:5 가르마와 긴 머리, 턱수염 그리고 그의 미소. 그 삼박자가 그런지 룩의 애잔함을 담고 있습니다. 빛바랜 유럽의 배경으로 어둡고 채도가 낮은 컬러 포인트와 이국적인 패턴 프린트가 들어간 허름한 아이템들이 그의 거친 피부 톤과 턱수염 그리고 내추럴하고 긴 머리에서 류승범은 그만의 자유를 표현합니다.

자신의 색깔과 스타일을 갖고 사는 배우 류승범은 그래서 더 그의 노마드 라이프가 빛나는 게 아닐까? 싶습니다. 다시 찾아온 영화 '타짜-원 아이드 잭'에서 그의 삶의 캐릭터 그대로 애꾸로 고군분투하기도 합니다.

나의 스타일로 일상과 영화를 오가는 배우가 있습니다. 자신의 스타일대로 삶을 살아가며 그 삶 속에 자신의 일상을 스타일리쉬하게 산다는 것. 이 얼마나 멋진 일인가요?

그런지 룩이 나의 일상을 꼭 대변해 주는 것은 아닙니다. 나의 스타일을 보여 주세요. 사람들의 뇌리에 나를 기억할 수 있는 스타일을 만들어 보세요.

좌절하고 있나요? 당신의 그런지 룩 스타일은 오늘도 맑음입니다.

스타일에 미칠 용기,
당신의 찐스타일로 세상과 맞짱 뜨세요

지금은 골동품으로 분류되는 싸이월드의 간지남으로 유명했던 모델이 있었습니다. 연예인 스타일리스트인 나도 조금 생소했던 모델이었는데 같이 일하던 어린 어시스트는 그의 패션에 열광했습니다. 무명 시절 싸이월드의 핫 인싸로 떠오른 모델 배정남 그의 스타일은 패션 피플 사이에서 '배정남 스타일'로 통하기 시작했습니다.

얼마 전 배정남이 SBS 예능 프로그램 '미운 우리 새끼'에서 자신을 키워주다시피 한 부산의 하숙집 할머니는 찾아가는 모습이 그려져 시청자들의 심금을 울렸습니다. 골곡 진 유년기와 어려운 환경은 그를 더욱 단단하게 만들었던 초석이었던 것 같다는 생각이 들었습니다.

어느 인터뷰에서 배정남은 '공장에서 일하다가 부상을 당해서 관두게 되었고, 그래서 옷 가게에서 일하게 되었는데 거기에서 배우 김민준의 제안으로 모델이 되었다고 하였습니다. 아마 부상이 없었다면 계속 공장에서 일하지 않았을까?' 하는 진솔한 이야기였습니다.

보통 사람들은 환경 탓만을 하지 그 환경에서 나를 찾기를 포기합니다. 그 힘든 와중에도 배정남은 패션에 대한 표현은 남달랐던 것 같습니다. 값비싼 옷을 선호한 것도 아니고, 구제 시장을 돌고 돌아서 패션을 공부하였습니다. 패션에 대한 관심과 실천으로 배정남은 '배정남 스타일'을 완성하였습니다. 아무도 봐주지도, 물어보지도 않았던 배정남의 패션은 싸이월드를 타고 간지남의 대열에 올라서게 되었습니다.

해마다 열리는 서울패션위크 송지오 컬렉션에서 변함없이 런웨이를 누비는 배정남이 있습니다. 디자이너 송지오 쇼에 처음 모델로 데뷔한 그 당시 국내에서 가장 키가 작은 모델이었습니다. 런웨이 모델로서의 단점을 극복하기 위하여 몸 키우기 방법을 선택하였습니다. 그리고 배정남은 '에스콰이어', '맥심',' 엘르걸', '보그' 등 다양한 잡지 모델로 활약, 승승장구하며 인생의 전성기를 맞이하게 됩니다.

진한 경상도 사투리가 트레이드마크이면서 형님들한테 인간적 유대감을 형성하면서 충무로에 입성, 이제는 스타일이 있는 배우로도 거듭나고 있습니다.

평범하지 못한 환경과 지원받을 수 없던 유년 시절 배정남에게 버틸 수 있었던 것은 아마도 패션에 미칠 용기가 아니었나 싶습니다. 미래가 보이지 않는 상황에서도 자기 스스로 자존감을 높여줬던 패션은 그의 스타일을 대변하는 듯합니다.

현실적으로 배정남의 신체 조건은 런웨이 모델로서는 다소 작았지만, 패션을 해석해내는 능력과 런웨이를 장악하는 눈빛으로 한계를 극복하였습니다. 그리고 거기에 만족한 것이 아니라 차별화를 위한 자기 분석 및 노력을 통하여 잡지 모델로 진출하여 성공을 거두게 됩니다.

끊임없이 노력하고 분석하고 스스로를 발전시켜가는 미친 실행력의 용기는 우리가 머릿속에 그리는 미래를 현실화 시켜주는 무기가 됩니다.

과거에는 코디네이터하면 패션과 뷰티를 같이 겸한 직종이었습니다. 풀 코디네이션이라고 하여 머리부터 발끝까지를 코디네이션하는 것을 의미하였습니다. 1세대 스타일리스트 중에는 메이크업 아티스트 출신으로 스타일링을 하는 경우가 많았습니다. 그러나 지금은 메이크업 아티스트와 패션스타일리스트 각각의 전문가로 나뉘어서 작업을 합니다.

나는 프랑스에서 메이크업을 전공하고 한국에 들어와 우연한 기회로 스타일리스트가 된 케이스입니다. 패션을 딱히 전공하지는 않았지만, 컬러와 미술을 전공하였고 지금 돌이켜 생각해보면 옷에 대한 관심이 대단하였습니다.

나는 처음 스타일리스트를 시작했을 때는 거의 반 백수였습니다. 한 달에 한 번 일이 들어올까 말까 했습니다. 이미 메이크업과 스타일리스트를 한다며 집에서 가져다 쓴 돈도 엄청나서 더 이상 손을 벌릴 수 없는 상황이었습니다. 그러나 나는 불만이 없었습니다. 한 달에 한 번 들어오는 일에 대한 기대감으로 일을 하러 가는데 차비가 없을 때는 백화점에서 판매 아르바이트를 해서 촬영장을 가고는 하였습니다. 사실 그때는 초반이라 열정페이가 대부분이라서 돈을 벌려고 하면 이쪽 일을 할 수 없는 상황이었습니다.

남들의 눈에는 저는 유학까지 갔다 온 할일 없는 백수였습니다.

대기업에 다니는 친구들을 만나면 차비라도 하라며 몇 만원씩 주기도 하였습니다. 그러나 나는 나의 일에 부끄러움이 없었습니다. 왜냐면 저는 스타일에 미칠 용기가 있었기 때문입니다. 아니 그 당시 미쳐 있었습니다.

그 후 스타일리스트로서 자리를 잡아 갈 때 쯤, 저에게 대학에서 교수직 제의가 들어왔습니다. 스타일리스트라는 직종이 생긴 지 얼마 되지도 않았는데 대학에 학과가 생긴 것입니다. 현장 중심 교육은 후배 양성이라는 또 따른 저의 목표가 생겨났습니다. 또다시 나는 스타일에 미칠 용기가 샘솟았습니다.

늦은 나이에 중앙대학교 예술 대학원에 원서를 냈습니다. 면접을 보는데 교수님께서 '다 아는데 배울 게 뭐가 있어. 그냥 다른 사람한테 기회를 주는 건 어때?'라'고 하셨으나, 나는 당당히 석사를 거쳐 박사가 되었습니다.

스타일리스트 임승희로 최고가를 달리고 있을 때 나는 교수직으로 가기 위해서, 일을 줄이고 공부를 했습니다. 또 대학 강의를 하느라 들어오는 일을 감당하기 힘들었던 적도 있었습니다.

남들의 눈에 나는 일복 터진 욕심쟁이였습니다.

나의 찐스타일? 나는 미칠 용기와 미친 실행력의 소유자라고 말하고 싶습니다.

남의 시선 따위에 신경 쓰지 마세요. 자신의 자존감을 높여주고 행복할 수 있다면 하고 싶은 일에 미칠 용기를 가져보세요. 눈앞에 바로 보이는 것만 보지 말고 멀리 10년을 내다보고 미쳐보세요. 현실은 힘들고 다소 불편할지라도 내가 미칠 용기로 세상과 맞짱 뜬다면 당신은 세상의 위너가 될 수 있습니다. 어쩌면 생각하지 않았던 새로운 기회가 올 수도 있으며, 당신의 미칠 용기와 미친 실행력으로 당신만의 찐 스타일이 만들어 질 것입니다.

스타일에 미칠 용기와 미친 실행력, 나의 미래가 다가오고 있습니다. 지금이 기회입니다. 지금 바로 시작해보세요.

출처:하리마오픽처스

7급 공무원 (2009) 의상 임승희 영화에 참여하다.

드라마는 인생과도 같습니다. 시놉시스에 의하여 내가 태어났고 나의 환경은 이미 정해져 있으며, 대략 어떻게 전개될 것인지 예측이 가능합니다. 그러나 개천에서 용 날 수도 있고, 금수저로 태어나 노숙자로 전전할 수도 있는 인생역전의 가능성은 항상 열려있습니다.

Chapter 3

나만의 스타일리스트를
고용하라

보이는 스타일,
보이지 않는 나만의 스타일

세계적인 메이크업 아티스트 김승원은 저의 멘토입니다. 그가 나를 멘티로 생각할지는 몰라도 나는 그로 인하여 내 인생의 또 다른 목표가 생겼기 때문입니다.

그와의 첫 만남은 참 많이 황당스러웠습니다.

교수로 가기에는 학위가 부족했던 저는 중앙대학교 예술 대학원에 입학합니다. 두 번째 수업 날이었습니다. 강의실을 가기 위해 엘리베이터를 탔는데, 지각 일보 직전의 엘리베이터는 만원이었습니다. 이래저래 끼어서 빈틈없는 엘리베이터 안에서 불현듯 눈앞에 파리 한 마리가 자수 처리된 슬림 한 타이가 눈에 들어왔습니다.

"아, 이거 어디 거죠?"

혼자 마음속으로 한 질문이었는데 순간적으로 툭 튀어나와 버렸습니다. 갑자기 넥타이를 뒤집어 보여줬습니다. 크리스* **이라고 써 있었습니다.

"아, 나 크리스* ** 싫어하는데."

입 밖으로 말이 튀어나와 버렸습니다. 속으로만 생각한 거였는데 말입니다. 이런 민망할 때가~~ 얼굴이 빨개졌습니다.

"그렇죠. 크리스* ** 재수 없죠."

그의 대답은 뭐랄까 막힘이 없고 당당했습니다. 뭐라 대꾸할 새도 없이 엘리베이터 문은 열리고 그가 내려버렸습니다. 야리야리한 뒤태, 피트 한 슈트핏의 그는 이번 수업의 강사인 메이크업 아티스트 김승원이었습니다.

이를 어쩐담?

첫 만남의 첫인상은 이렇게 강렬하게 다가 왔고, 뭐라고 한마디 변명도 못 하고 수업을 들어가야만 했습니다.

프랑스에서 메이크업을 전공하고 한국에 들어와 어느 정도 메이크업아티스트로 활동할 당시 지인의 추천으로 크리스* **의 메이크업 쇼를 전담할 아티스트에 지원을 하게 되었습니다. 면접날 면접관은 나의 동양화에 가까운 외모가 자기 브랜드하고 맞지 않다고 하였습니다. 난생처음 거절을 당했던 순간이었습니다. 그때 처음 좌절이라는 것을 해봤습니다. 오기가 생기기 시작했습니다.

이번에는 '시세**'에서 아티스트 지원 연락이 왔습니다. 시세**에서는 브랜드와 제 동양적인 이미지가 너무 좋다고 하였으나, 유럽 메이크업과 일본 메이크업은 전혀 다르기 때문에 다시 배워야 하는 상황이었습니다. 그래서 저는 그때 메이크업아티스로서의 일을 완전히 접고 스타일리스트에 집중하기로 하였습니다.

저는 그 이후로 '크리스* **'을 쓰지 않습니다. 아마도 마음속에 깊은 멍으로 남아서, 엘리베이터 안에서 만난 파리 한 마리에 그렇게 즉각 반응이 나왔나 봅니다.

내유외강의 스타일로 나를 정비합니다. 세상은 무장해제 될 것입니다.

이후 나는 학회장이 되었고, 현직에서 바빴던 김승원는 새내기로 입학하게 되면서 교수님이 후배가 되는, 상하가 바뀌는 아주 이상한 상황을 맞이하게 되었습니다.

사람의 첫인상이 강하면 접근하기가 힘듭니다. 그러나 서로 강한 사람끼리 황당한 상황에 마주하게 되면 보이지 않는 인간적인 유대감이 생기기도 하나 봅니다.

예술대학원 축제 때 무엇이든 일등을 해야 직성이 풀리는 학회장은 한참 강연으로 유명세를 치르고 있는 김승원을 과대표로 메이크업강연 허락을 받아내기 위한 보이지 않는 줄다리기를 하였습니다. 역시 그는 의리남이었습니다. 우리 과를 위해서 학교 축제에 메이크업 강연을 해주었고, 우리는 2등의 영광을 안게 되었습니다.

나중에 안 사실이지만 그도 저의 당당함에 처음에는 참 황당하였다고 합니다. 그러나 저의 알 수 없는 진중함과 부드러운 카리스마의 프로정신에 한번 도와주자하는 생각을 하게 되었다고 하였습니다.

김승원의 강연은 좌절을 극복하게 하는 감동을 안겨줍니다.

아시아 최초 크리스* ** 수석 메이크업 아티스트가 되기까지 불우했던 유년 시절, 전공과는 상관없이 시작하게 된 메이크업 아티스트, 수련과 좌절의 시간을 넘어서 인정받기까지의 고단했던 인생사가 담겨 있습니다.

변화와 실패를 두려워하지 말고 경계를 넘어 끊임없이 도전하라는 그의 메시지는 지금도 가끔 좌절하게 되는 저를 발견할 때 많은 힘을 줍니다.

김승원은 아시아 최초 크리스* ** 수석 메이크업 아티스트 출신답게 자신만의 스타일이 있습니다. 좁은 칼라와 슬림 한 타이, 핏한 슈트는 보는 사람으로 하여금 긴장감을 갖게 만듭니다. 스타일이 명확하여 보여 지는 이미지는 까칠하고 도회적으로 보일 수 있습니다. 그러나 그와 대화를 나누는 순간 깊은 내면의 구수한 흙냄새 풍기는 정감 있는 김승원을 만날 수 있습니다.

강연하고 싶어 하는 저에게 콘텐츠를 찾아보자고 제안을 해주었습니다. 저만의 스타일 콘텐츠를 찾아서 보이는 나의 스타일을 만들고 보이지 않는 나의 스타일로 대중에게 감동을 선사하도록 멘토링을 해주었습니다.

나만의 스타일리스트를 고용해보세요. 보이는 나의 스타일로 세상을 향해 돌격하세요. 그리고 보이지 않는 나만의 스타일로 세상을 감동시켜 보세요.

현재 내 인생 배역에 맞는
캐릭터 스타일링

영화배우는 조각 같은 외모보다는 평범하게 생긴 외모로 도화지같이 캐릭터를 마음대로 그릴 수 있는 배우가 롱런합니다. 또한 캐릭터에 한번 깊게 각인이 된 배우는 그 캐릭터에서 헤어 나올 수 없는 경우가 생기기도 하는데 바로 다른 캐릭터를 만들 수 없는 경우도 생기기도 합니다. 그래서 영화배우의 얼굴로는 우리 주변에서 흔하게 볼 수 있는 평범하게 생긴 배우가 배역에 깊이 스며들어 관객으로 하여금 영화에 몰입하게 하는 힘을 가지고 있습니다. 연극배우로 오랜 시간 무명의 배우로 살다가 충무로에 입성한 배우들을 보면 하나같이 너무 평범합니다.

영화 '기생충' 신스틸러 배우 이정은은 상류층 박 사장 집의 범상치 않은 가정부로 나옵니다. 문광이라는 이름부터 예사롭지 않은 캐릭터로 머리부터 발끝까지 풀 세팅을 한 채 집안일을 다 아는 것처럼 지시하며, 박 사장 가정사에도 번번이 끼어들어 심기를 불편하게 하기도 합니다. 계획에 의한 갑작스러운 해고를 당하고도 갑자기 다시 찾아온 문광의 첫 등장은 충격이 아닐 수 없습니다. 흰머리가 듬성듬성 흐트

러진 머리와 비를 홀딱 맞아 살덩이 몸에 쫙 달라붙은 허름한 옷의 빈곤함은 저 사람이 앞에서 본 문광이 맞나 싶을 정도였습니다. 상극의 캐릭터로 스토리의 중심에 그녀가 있습니다.

여기서 우리는 한 명의 배역에서 두 개의 캐릭터를 만나게 됩니다. 상류층과 동급으로 본인을 캐릭터 한 문광과, 현실의 최악 빈곤층인 캐릭터 문광을 동시에 만나게 됩니다.

배역에 따른 스타일링은 확연히 차이가 납니다. 한 사람이 두 가지 캐릭터를 연기하지만, 그 캐릭터에 맞는 스타일은 그 배역에 맞춰서 다르게 표현해 줍니다.

일상에서 만나는 나의 스타일도 그날의 배역에 따라 스타일링을 해 보세요.

나의 20대 프랑스에서의 패션은 프렌치 시크가 아닌 보헤미안이었습니다. 누런 공기 컬러와 빈티지 파스텔컬러의 고풍스러운 건물들 속에 저는 자연스럽게 스며들었습니다.

프랑스 올 로케 영화 '야생동물 보호구역' 촬영장에서의 나의 스타일은 보디 페인팅을 하는 아티스트로 자유롭게 몸을 움직여야 하기 때문에 와이드 오버롤과 짧은 컷트 헤어스타일에 핸팅캡을 쓰고 다녔습니다. 단지 작업을 편안하게 하기 위한 스타일이며 현장에는 적합한 복장이기도 하고 맨얼굴에도 부담 없는 스타일이기도 하였습니다.

그러다 보니 다른 스태프들은 나의 스타일을 캐주얼 보이시 스타일로 편안하게 대하기 시작했습니다. 유일하게 불어가 가능한 한국 스태프로 촬영 현지에서의 SOS를 자주 요청받게 되었습니다. 아무런 부담 없는 마치 옆집 총각 같은 느낌이랄까요? 이성이 아닌 동성으로 스스럼없이 지냈던 것 같습니다. 아마도 나의 복장이 보헤미안의 자유로움과 루즈핏의 캐주얼 룩이 사람들의 마음을 편안하게 만든 모양입니다.

개봉을 앞두고 스태프 시사회가 열렸습니다. 보통 영화촬영이 크랭크업하면 각자 다른 작품으로 뿔뿔이 흩어지기 때문에 자주 연락을 하거나 따로 만나는 경우는 극히 드물어서 진짜 오랜만에 사람들을 만나게 되었습니다. 영화는 후반 작업을 하고 시사회까지는 보통 6개월 정도의 시간이 흐릅니다. 강산도 시간이 흐르면 변한다고 했습니다.

영화촬영이 끝나고 나는 학원 강의에 매진하게 되었습니다. 촬영 때 듬성듬성 커트 머리가 자라서 단발머리가 되었고, 이목구비를 명확하게 표현해주는 짙은 메이크업을 하였습니다. 유독 와인 컬러의 립스틱은 멀리서도 눈에 도드라져 보였습니다. 그리고 그해 한국의 패션 트렌드가 온몸에 꽉 끼는 피트 된 의상이 유행하였고, 강의를 위한 오피스룩으로 보디라인을 살려주는 팬츠 슈트 차림으로 시사회에 갔습니다. 저의 20대는 군살 하나 없고 매끈하며 날씬하여 슈트를 잘 소화해 냈습니다.

스태프에게 반갑게 인사하는 나를 당황해하며 다들 서먹하게 존댓말을 하기 시작했습니다. 심지어는 나를 못 알아보는 경우도 있었습니다. 그렇게 프랑스에서 막대하던 옆집 총각 같던 나에게 어찌할 바를 몰라라 했습니다. 나의 캐릭터 스타일링은 변해도 너무 변했습니다. 가까이하기엔 온도 차가 너무 심했나 봅니다. 그들은 프랑스에서와는 달리 나에게 깍듯한 예의를 갖췄습니다. 언제 막대했냐는 듯이 말입니다.

사람은 언제 어떻게 변할지 모릅니다. 나의 인생 캐릭터를 스타일링 해보세요.

공동작업을 하는 경우에는 상대방이 나에 대한 호감도가 높고 편안하게 다가올 수 있는 개방적인 캐릭터 스타일링을 해야 합니다. 그래야 서로의 커뮤니케이션이 수월해지고 상대방에 대한 경계심이 사라지기 때문입니다.

그러나 공동작업이 아닌 나만의 작업을 할 때는 상대방으로 하여금 만만해 보여서는 안 됩니다. 나의 카리스마로 중무장하고 나의 전문성을 똑바로 인지 시켜줘야 합니다. 그래야 기승전결의 결과에 문제가 생기지 않기 때문입니다.

나의 캐릭터는 무엇일까요? 나는 어떠한 대우를 받길 원하세요?

스타일이란 옷만 잘 입는 것이 아니라 나의 인생 캐릭터에 맞게 스타일을 하는 것이 중요합니다.

오늘 당신은 어떤 캐릭터로 변신하고 싶으신가요? 당신은 상대방에게 어떤 캐릭터 스타일로 대우받고 싶은가요? 나의 캐릭터 스타일로 당신의 행복한 오늘을 만들어 보세요.

당신은 드라마 대본의
몇 번째 주인공으로 살고 싶으세요?

드라마는 시청자가 만들어가는 미디어 분야입니다. 시놉시스에는 드라마의 개요와 내용이 나오기는 하나 시청률에 따라서 때로는 주인공들의 분량이 달라지기도 합니다.

처음 드라마에 배우가 캐스팅되면 전담 스타일리스트와의 미팅을 통하여 캐릭터 작업에 들어갑니다. 시놉시스를 보며 내가 몇 번째 주인공이냐에 따라서 캐릭터 스타일은 달라집니다. 물론 여기에서 스타일리스트가 누구냐도 중요하게 작용합니다. 그 이유는 스타일리스트의 레벨에 따라 드라마에 얼마나 하이 클래스의 브랜드 협찬을 받느냐 마느냐가 달려있기 때문입니다.

내부적으로 캐릭터 스타일을 잡았다면 스태프 회의를 통하여 스타일을 확정하게 됩니다. 그날은 배우리딩을 같이 진행하며 다른 공간에서 참여하게 되는데, 피디와 미술팀 의상팀 분장팀 그리고 각 개인 스타일리스트가 참여하게 됩니다.

의상 프레젠테이션은 주인공 순서에 따라서 진행을 합니다. 막상 그 자리에 가면 우리나라에서 손꼽히는 유명한 스타일리스트 실장을 여기서 다 볼 수 있습니다. 대부분 실장급은 컨셉이 잡히고 스타일이 결정되면 의상협찬 및 다른 컨셉 회의를 참석하는 경우가 많아서 쉽게 만나기 힘든 경우가 많습니다.

여기서 신인배우가 3, 4번째 주인공일 경우 스타일리스트는 대부분이 현재 가장 핫 인싸 스타일리스트를 대동하기도 합니다. 1, 2번째 주인공들이야 이미 스타들로 손발이 잘 맞는 기존의 스타일리스트가 스타일링을 진행하는데, 개인의 취향까지 캐릭터에 담아내는 장인의 손길 스타일링을 선보이기도 합니다. '손발이 맞아야 도둑질도 한다'라는 옛말이 있듯이 서로 눈빛만으로도 제일 돋보이는 스타일링 팀워크로 이슈가 되는 스타일을 만들기도 합니다.

스타일리스트 입문에 있어서도 드라마의 주연배우를 하게 되면 계속해서 주연배우 스타일링 의뢰를 받게 됩니다. 그 만큼 주연배우의 드라마 출연 비중이 크기 때문에 많은 경험을 하게 되기 때문입니다. 그러면서 자연스럽게 핫 인싸 스타일리스트 대열에 들어서는 아주 좋은 케이스가 되기도 합니다. 그러나 조연배우로 시작한 스타일리스트는 주연급 배우를 의뢰받기 힘든 경우가 많습니다. 그래서 스타일리스트 입문은 힘들더라도 주연급 배우팀에서 시작하는 것이 좋습니다.

드라마가 시작되면 스타일리스트는 전쟁에 돌입합니다. 쪽 대본을 부여잡고 작가가 지정한 의상 스타일을 준비하고, 급하게 제작까지 돌입합니다. 드라마가 끝나기까지 개인사는 일단 접어야 두어야 합니다. 시도 때도 없이 바뀌는 스케줄과 협찬 의상 스케줄까지 맞추고, 아직

연결이 남은 의상을 잘 보관해야 합니다. 일단 돌려주면 다시 받기 힘들어지는 상황이 생기기도 합니다. 그래서 때로는 선의의 거짓말도 하고, 주연 배우와 겹치지 않는 선에서 협찬을 눈치껏 진행하기도 합니다. 행여나 주연 배우 스타일리스트가 기분이라도 상하는 날이면 바로 협찬을 접어야 하기 때문입니다.

드라마는 인생과도 같습니다. 시놉시스에 의하여 내가 태어났고 나의 환경은 이미 정해져 있으며, 대략 어떻게 전개될 것인지 예측이 가능합니다. 그러나 개천에서 용 날 수도 있고, 금수저로 태어나 노숙자로 전전할 수도 있는 인생역전의 가능성은 항상 열려있습니다.

주인공으로 살아가는 것은 좋을 것 같지만, 일주일 내내 24시간 대기해야 하고 공인이라 인간미 떨어지는 행동을 하였다가는 바로 SNS가 난리 날 테고, 내가 좋아하는 스타일이 아니라 시청자가 좋아하는 스타일대로 살아가야 합니다. 시청률을 좌우하는 건 바로 나니까요.

촬영에 들어가면 하루라도 맘 편히 발 뻗고 잠을 자지 못하니 성질은 까칠해질 것이고 상대방에 대한 배려가 아닌 나의 이미지 관리를 위해서 안면 근육이 마비될 때까지 웃어야 합니다. 그래야 훈남 훈녀로 오랫동안 사랑받을 수 있습니다. 그리고 좋든 싫든 조연 배우를 살뜰히 챙겨야 합니다.

이와 반면 조연 배우로의 삶은 주연배우에 치여서 입고 싶고 들고 싶은 가방 하나 눈치 보며 스타일링 해야 하고, 스태프가 아니지만, 스태프가 되어서 촬영 현장을 정리하고 돌봐야 합니다. 스타일리스트와 매니저도 지정이 아니라 그날의 컨디션에 따라 로테이션 되어 마음 줄 곳이라고는 없습니다. 촬영 분량은 적으나 주인공들의 컨디션에 따라서 아무 때나 나오는 스케줄 올 셋팅 스탠바이. 그러나 연락은 가끔 스태프가 까먹는 경우도 허다합니다. 그래도 마음은 편합니다. 공인이긴 하지만 영향력이 없어 사람들과 어울림도 편하고, 하고 싶은 말도 서슴없이 할 수 있습니다. 뭐 좀 빈곤하긴 하지만 그래도 주인공이 될 거라는 큰 꿈을 갖고 오늘도 떠오르는 신인이 되기 위해 노력합니다.

당신은 어떤 스타일로 살고 싶으세요? 드라마에는 주연배우와 조연배우로 나뉩니다. 내가 선택할 수도 있고 선택될 수도 있습니다.

인생은 내가 스타일링 해야 합니다. 나에게 주어진 환경에 맞춰서 내 맘이 편하게 살 것인지 다소 불편하더라도 노블레스 오블리주를 꿈꾸며 살아 갈 것인지? 나 스스로 스타일리스트가 되어서 나의 캐릭터를 스타일링 해야 합니다.

내 인생의 스타일리스트를 고용해보세요. 아주 깐깐하고 영향력 있는 핫 인싸 스타일리스트를 고용해 보자구요. 그냥 되는대로 사는 스타일이 아닌 계획과 노력으로 빛나는 나의 인생을 위하여 스스로 스타일링에 도전해보세요. 누구도 당신의 빛나는 인생의 스타일을 만들어 줄 수는 없습니다.

오늘부터 거울을 보면서 과연 나는 이번 생에 몇 번째 주인공으로 살 것인가 스스로 질문보세요. 그리고 인생 스타일링에 도전해보세요.

스타일에 컬러를 입혀보세요,
흑백의 시대는 갔습니다

배우라서 아름다운 가장 배우 같은 여배우 김혜수.

변화와 나이를 두려워하지 않는 진정 찐배우 김혜수의 안방 점령은 어쩌면 당연한 일일 수도 있겠습니다. 드라마의 전성기 때는 영화판의 팜므파탈로 경계 없는 캐릭터를 연기하던 그녀가 시청률 고공 행진을 기록하며 드라마의 휴식기에 안방을 찾아왔습니다.

그녀의 패션은 항상 강렬합니다. 그녀의 가치관 또한 여배우답게 당당하지요. 그래서 사람들은 강렬하게 다가오는 그녀의 카멜레온 같은 변신에 환호하는지도 모르겠습니다.

시상식의 여왕답게 일상이 아닌 그녀의 TPO 매너는 할리우드 저리 가라고 그 한순간을 위해 홍콩이나 동남아에서 시상식용 드레스를 직접 공수하여 핫 이슈, 핫 인싸가 되기도 합니다. 매 순간을 항상 노력하는 배우 김혜수. 그녀의 노력에 우리는 늘 새로운 김혜수를 만나게 됩니다.

그녀와의 만남은 늘 새롭습니다. 왜냐고요?

난생처음 보는 패션으로 트렌드를 가미하여 김혜수만의 패션과 컬러로 돌아오기 때문에 과거의 캐릭터를 잊고, 처음 만난 신선함으로 그녀를 만날 수 있기 때문입니다.

SBS 금토 미니시리즈 '하이에나'의 정금자 변호사로 우리가 알던 김혜수가 아니라 법과 정의, 도덕과 불의는 다 필요 없고, 수단과 방법을 가리지 않고 무조건 물주가 되는 사람을 잡고야 마는 현대판 하이에나로 변신했습니다. 그녀의 등장은 정의로울 것만 같은 그의 캐릭터를 거칠고 야비하게 표현해 주기 위해 그녀가 내민 카드가 바로 컬러입니다.

보통 사기꾼 캐릭터를 만들 때 사용하는 방법인 현란한 컬러로 무채색의 법조인과 일반인과의 차별화를 꾀하기도 합니다. 그녀만의 차별화는 컬러의 세련미입니다. 클래식 블루 조거 팬츠와 와이드 재킷에 그녀의 시그니처 아이템 핸드폰 스트랩은 아무리 그녀가 악랄하고 정의 따위 필요 없는 변호사라고 할지라도 우리는 그녀의 패션에 믿음이 갑니다. 오렌지와 레드 컬러의 오묘한 컬러 조합은 그녀만의 고급진 캐릭터의 오묘한 묘사가 아니었을까 하는 생각이 들기도 합니다. 레트로풍의 깔맞춤 트레이닝복 차림 또한 캐주얼과 슈트의 믹스 매치 스타일까지 눈을 뗄 수 없게 만드는 장면들이 아닐 수 없습니다.

우리나라 사람들은 기본적으로 눈에 띄는 걸 좋아하지 않습니다. 배우는 더더군다나 일상에서의 컬러는 무채색이며, 꾸미지 않은 모습이 서민적으로 다가올 때가 있기도 합니다. 그런 배우들은 영화의 캐릭터로 그 순간순간을 살아갑니다. 드라마는 캐릭터와 트렌드를 가미합니다. 내용의 연속성을 갖고 있으며, 매회 모니터링을 통한 캐릭터의 수정도 가능합니다. 작은 브라운관으로 보게 되는 드라마는 그러기 때문에 컬러가 캐릭터를 살리는 데 중요한 역할을 합니다.

대중들은 그런 배우를 보면서 대리만족을 합니다. 컬러가 무섭기 때문입니다. 한국인의 정서상 채도가 높은 컬러를 입으면 '머리에 꽃 달았냐?' 패턴이 큰 옷을 입으면 '밤무대 가수냐' 하는 선입견과 마주하게 되고 혹시라도 본인을 그렇게 볼까 봐서 피하게 되다 보니 옷장을 열면 죄다 어둡습니다. 그러나 TV 속의 정금자 변호사는 컬러가 있어 멋있습니다.

회사 다니던 20대 초반 시절 친구들과 흑산도에 놀러 간 적이 있었습니다. 그때의 사진을 보면 화이트 바탕에 레드의 플라워 패턴이 크게 들어간 세트 민소매 블라우스와 롱 플레어스커트, 블랙 창이 큰 모자까지 장착하고 갈매기를 향해 팔 벌리고 있는 제 모습이 있습니다. 그 옆에 청바지에 화이트 옥스퍼드 원단의 남방을 정갈하게 입은 친구와, 깔끔한 블랙 슬랙스에 흰 티셔츠 받쳐 카디건을 걸친 친구가 있습니다. 저는 여행을 위한 계획을 옷에서부터 시작합니다. 싸구려 보세 집의 마네킹이 입고 있던 진짜 디피용 의상구비 완료, 여행만을 위한 챙이 넓은 모자를 준비하였습니다. 저는 다 계획이 있었다고요.

최근 사진을 보면 작년에 대구에서 있었던 대학생 패션쇼 단체 사진. 모델과 학생들과 패션스타일리스트과 학생들의 단체 사진 속에는 개나리같이 노란 셔츠 원피스를 입은 나를 발견합니다. 요즘 아이들은 시크한 블랙 앤 화이트 룩이 대세여서 단연코 나만 눈에 띕니다. 노란색은 단체 사진에서도 반사판 역할을 톡톡히 해서 얼굴마저 환하게 나왔습니다.

컬러는 나의 단점을 가려줍니다. 제 이목구비가 작아서 무난한 컬러로는 회색 벽 속에 묻혀서 구별이 안 될 수도 있습니다.

또 컬러는 나의 장점을 돋보이게 합니다. 나는 전형적인 한국인 체형의 소유자입니다. 그러다 보니 상체가 야리야리하고 하체가 튼실합니다. 상체를 핏하고 컬러감 있게 입었을 때 상상 초월 날씬해 보이기도 합니다. 나이가 들어서는 이와 반대로 하체에 컬러감과 패턴감을 줍니다. 그 이유는 중년의 상체는 나이를 말해주기 때문에 부각하면 절대 안 되기 때문입니다. 여기서 컬러는 올 세트, 깔 맞춤으로 가도 좋고 보통은 컬러를 살리기 위해 화이트와 톤앤톤의 컬러를 매치하기도 합니다. 컬러는 나를 표현해 주는 수단이기 때문입니다.

당신의 옷장을 열어보세요!!
당신은 어떤 컬러인가요? 이제 흑백의 시대는 지나갔습니다. 나를 표현해 주고 내 존재감을 알릴 수 있는 컬러의 시대입니다.

나만의 스타일리스트를 고용해보세요. 나를 가장 잘 아는 건 바로 나입니다.

컬러만 화려하다고 해서 당신을 표현해 주는 것이 아닙니다. 당신에게 맞는 채도의 컬러를 오늘부터 매칭 해보세요. 사람들이 당신에게 하는 멘트가 달라질 것입니다.

'오늘 당신의 스타일, 좋으신데요.'

감성도 스타일링 시대,
잊혀지지 않는 사람으로 남는 스타일 감성

나의 어린 시절은 이미 미모를 탑재하고 태어나신 언니님과 남아선
호사상의 최고치에 태어난 강호동 닮은 우리 집 대들보 막내 아드님
사이에 딱 끼인, 존재감이라고는 제로인 둘째로 태어났습니다.

아무도 불러주지 않고 찾아주지 않았던 나의 어린 시절 사진 속 떡
진 짧은 단발머리의 소심한 아이가 나의 모습이었습니다.

나의 학교생활은 소심함의 극치를 다다르며 초조할 때면 연필 뒤를
씹어야 마음에 안정을 찾는 혼자 놀기의 끝장 진수를 보여주는 절대
로 기억에 남을래야 남을 수 없는 그런 존재감의 아이였습니다. 교실
의 맨 끄트머리 앞자리 햇볕도 잘 들지 않는 자리에서 하루 종일 스케
치북에 그림을 그리고 색칠을 하고 누가 볼까 봐 스케치북을 사선으로
각을 세우고, 일상의 지루함의 절정에 이르렀을 그때, 하늘에서 한 줄
기 빛이 내려오는 것을 저는 보았습니다. 20대 후반쯤인 걸로 기억되
는 손이 가느다랗고 하얀 선생님의 손길이 나의 스케치북을 잡았다.

"그림이 살아있는 거 같아!"

그날 이후 나는 학교의 미술대회와 글짓기 대회에 나가서 상을 모조리 휩쓸었습니다.

그리고 사람도 바뀌었습니다. 자신감 뿜뿜, 활력 뿜뿜. 쉬는 시간 아이들과 수다의 중심에 제가 있었고, 저의 얼굴엔 활짝 핀 웃음꽃이 가시지 않았습니다. 머리도 어느새 길러 파마를 하고 그때 최신 유행이라는 얼굴 크기만 한 노란 리본을 머리에 꽂고 다니기 시작했습니다.

관심은 이렇게 무섭습니다. 소심한 아이를 끼 많은, 무대를 사랑하는 딴따라로 만든 계기가 되었습니다. 지금도 그때 선생님을 생각하면 딱히 별 이야기는 하시지 않으셨던 거 같은데, 그저 너를 이해한다는 그 따뜻한 눈빛과 세상과 어울리지 못하고 안절부절 못 하는 한 아이를 안아줄 수 있는 깊은 호수와 같은 감성을 갖고 계시지 않았나 생각합니다.

내가 스타일리스트로 한창 주가를 올리고 있을 시점에 대학의 패션스타일리스트과 초빙 교수로 임용되었습니다. 연구실이 따로 배정되었으며, 일주일에 3일 정도만 강의와 학생 상담의 업무가 주어졌습니다. 현장에서 일하다 보면 다양한 패턴의 사람들을 만나게 됩니다. 화면에서는 화려해 보이는 연예인이지만 낯도 많이 가리고 외롭고 마음이 아픈 사람도 많고, 어릴 적 데뷔해서 세상을 잘 몰라 힘든 사람도 있고, 자신을 가리기 위해 괜히 난폭한 사람도 있습니다.

연예인 스타일리스트로 일한다는 것은 그 사람의 보이는 스타일 뿐만 아니라 보이지 않는 마음도 스타일링 해줘야 할 때가 많습니다. 누구에게 이야기 하겠습니까? 이미 연예인으로 좋은 이미지와 스타일리쉬 한 모습들로 사람들은 기억할 텐데요.

그러다 보니 나는 참 많은 시간 그들의 일상에 관여하게 되었습니다. 나는 별로 사람에 대한 관심을 깊게 가지는 스타일은 아닌데, 오랜 시간 같이 일하다 보면 나이가 나보다 많든 적든 다 내 아이 같은 애련함과 걱정과 그리고 배려가 생겨나는 것 같습니다.

2년제 전문대 학생들은 상처가 많고 관심이 필요한 아이들이 많습니다. 때로는 아웃사이더로, 때로는 스스로가 보호자가 되어 살아오기도 하고, 극한 경우 혼자 사는 아이들도 있습니다. 우리 어린 시절은 다 못 살았고, 다 힘들어서 서로 비교 당해 상처 받을 일이 없었던 거 같은데 지금은 빈부격차가 심하다 보니 어쩔 수 없이 보이지 않는 계급이 생겨나고 또 그렇게 분류된 아이들이 모이게 되는 것 같습니다.

단발머리가 너무 예쁜 A가 상담을 왔습니다. 현재 CC로 잘생긴 K와 사귀는 사이인데 서로 의견 충돌이 있어 오전에 학교에서 말다툼을 하다가 육탄전으로 번졌다고 하였습니다. 제가 너무나 좋아하는 잘생긴 K는 욱하는 성격이 있어서 전에도 경찰서에서 부모님이 아닌 저에게 신원확인을 위한 전화가 온 적이 있었습니다. 가슴이 벌렁벌렁, 심장이 두근두근 그 말로만 듣던 데이트 폭력인가 싶어서 우선은 A에게 자취방에 가지 말고 기숙사에 자도록 조치하고 K를 만났습니다.

K는 너무 예쁜 A가 남사친이 생일이라고 카톡이 떠서 생일케이크

쿠폰을 보낸 것에 격분하고 있었습니다. 하고 싶은 이야기를 흥분해서 다 쏟아낸 K는 조금씩 안정을 찾아갔습니다. 나는 그냥 안쓰러운 표정으로 K의 말을 들어 주었습니다. 그리고 그 둘은 헤어지기로 했다고 했고 K는 군대에 가는 걸로 사건은 마무리 되었습니다.

나의 생일로 가는 밤 11시 55분 '카톡', '카톡' 연달아 두 개의 케이크가 도착했습니다. 아이스크림 케이크와 생크림 케이크. K와 A로부터. 심장이 다시 두 근 반, 세 근 반 걱정이 한가득. 어떻게 일 분 차이로 둘이 동시에 케이크를 보냈을까요? 다시 만나나? 헤어졌는데? 별의별 생각으로 밤잠을 설쳤습니다.

오전에 A에게 카톡으로 유도신문을 해본 결과 둘은 헤어졌다고 했습니다. 그렇다면 참 신기한 일이 아닐 수 없습니다. 어떻게 같은 시간에 저를 동시에 생각한 것일까요? 그러나 나는 그들에게 까맣게 속고 있는 걸 몰랐습니다.

A는 졸업하고 스타일리스트 어시스트로 취업을 나갔습니다. K는 복학하였습니다. 나중에 알게 된 사실은 둘은 그날, 같이 있었고 K를 상담하던 그때 저의 눈에 간절함이 배인 걱정이 담겨 있었던 기억이 나서 K가 도저히 다시 사귄다는 말을 할 수 없었다고 했습니다. 그러나 자신을 믿어준 그때 너무 고마웠고 어떻게든 감동을 주며 보답하고 싶었다고 했습니다.

나를 세상 밖으로 이끌어준 선생님의 감성은 모든 사람이 갖고 있지는 않았을 것입니다. 사람마다 스타일에 따른 감성이 존재 할 것이고, 사람을 대하는 태도와 가치가 다를 것입니다. 오랫동안 감동을 줄 수 있고, 인생을 살아가면서 불현듯 떠오르는 사람이 될 수 있다는 것은 그 만큼 사람에 대한 감성 스타일이 남다르기 때문일 것입니다.

국민MC 유재석은 사람들이 부담 없이 다가갈 수 있는 푸근함을 가지고 있습니다. 메뚜기라는 별명처럼 그리 잘생긴 얼굴도 아니고 빼어난 몸짱도 아닙니다. 그러나 그는 모든 사람에게 친절하고 예의가 바릅니다.

MBC '놀러와'를 진행 할 당시 김원희와 공동 MC여서 저는 거의 5~6년을 옆에서 그를 지켜봤습니다. 늘 한결같이 '안녕하세요?' 상대를 존대하며, 사석에서도 스태프 하나하나 이름을 불러가면서 챙기는 살 가운 사람이었습니다. 목소리 톤도 나직나직 소소한 개인적인 일상을 마치 옆집 사는 오빠처럼 한 명 한 명에 물어가며 방송을 준비합니다. 그가 가지고 있는 감성스타일은 소소하게 주변 사람과 대중에게 감동을 줍니다. 특별한 재주가 있어서 인기를 끄는 것이 아니라 평소와 다름없이 상대를 존중해 주고 살펴봐 주고 끌어내 주고 걱정해 주는 인간적인 감성이 아닐까 생각합니다. 감성이란 만들어진 것이 아니라 가슴에 담고 있는 감동을 끌어낼 수 있는 자연스러운 힘이며, 그렇게 대중은 오랫동안 유재석의 감성스타일을 기억하게 될 것입니다.

당신의 감성은 어떤 스타일이세요?
스타일이라는 것은 콘셉트를 잡고 콘셉트에 맞춰서 캐릭터화 하는 것을 말합니다. 나의 감성스타일에 변화가 필요하다면, 지금 바로 롤모델을 잡고 스타일링 해보세요. 다른 사람의 기억 속에 오랫동안 고마움으로 남을 수 있는 감성스타일링에 도전해 보세요.

혼족 라이프 스타일의 시대 SNS로 소통하고 공유합니다. 나를 모르는 사람들에게서 나의 오늘을 공감 받고 싶고 위로 받고 싶고, 좋아요를 받고 싶어 합니다. 나의 피드가 누구에겐 닮고 싶은 모습일 수도 있고, 또 누구에겐 힘이 될 수도 있을 것입니다. 패스트 감성의 시대인 지금, 우리는 사람들의 기억 속에 오랫동안 감동을 줄 수 있는 감성스타일링 방법을 배워야 할 시점이 아닐까하는 생각을 해봅니다.

나의 스타일 촉,
엄마의 옷장

스타일리스트로 인터뷰를 하다 보면 가장 많이 받는 질문이 있습니다.

'스타일링 콘셉트는 어떻게 잡으세요?'
'저는 대본이나 시나리오를 읽고 처음 오는 촉으로 스타일을 잡습니다.'

촉이란 타고난 나만의 감각을 이야기합니다. 스타일은 정답이 없습니다. 크리에이티브적 발상이 요구 되며, 사람들의 인지적 요소에 트렌드를 가미하여 스타일링을 완성합니다. 여기에 캐스팅 된 배우들의 이미지를 접목하고 겹치지 않게 차별화된 요소를 첨가해 줘야 합니다.

드라마의 스타일링은 보통 4명의 주연 배우들의 차별화된 캐릭터 이미지가 나오면, 겹치지 않게 조연 배우의 캐릭터를 잡습니다. 드라마는 연기자별 스타일리스트가 전담하기 때문에 촬영 전 스타일리스트 전체 회의를 거쳐서 이미지를 겹치지 않게 분리합니다.

영화 의상 같은 경우 미술감독 아래 미술팀, 의상팀, 분장팀, 소품팀이 있어서 전체적인 미술이 나오면 그 색감이나 분위기에 맞춰 의상 콘셉트를 설정합니다. 영화는 정확한 캐릭터를 만들어야 하는 작업이기 때문에 의상 콘셉트에 나만의 촉이 중요하게 작용합니다. 주연, 조연, 엑스트라까지 전반적인 의상을 관여하다 보니 영화에서 잊히지 않는 캐릭터 작업을 위해 촉이 중요하게 작용하기 때문입니다.

스타일리스트는 정해진 프로세스대로 하기 보다는 타고난 촉이 있어야 성공할 가능성이 높습니다. 나의 스타일 촉의 근원은 어디일까요?

나의 어머니 성함은 김남북입니다. 6.25 시절 북에서 태어나 남으로 내려왔다고 하여 붙여진 이름이라고 하였습니다. 1남 6녀의 셋째로 태어나, 시집을 간 큰 이모 아래서 공장을 다니다가 아빠를 만나서 결혼을 하였습니다. 배운 것이 없고 살기 힘든 세상을 살아온 우리 어머님의 세대는 그렇게 자신보다는 집안을 먼저 생각하고, 나보다는 형제를 먼저 생각하며 살다 보니 자신을 챙길만한 여유 없이 자랐습니다.

160이 훌쩍 넘는 키에 살집이 있는 체형을 가졌으며, 진한 눈썹과 쌍꺼풀진 큰 눈, 오뚝한 콧날, 앵두 같은 입술을 가진 흡사 60년대 영화배우 같은 외모를 지니셨습니다.

결혼하고 장사를 시작한 부부는 1남 2녀의 아이들을 건사하느라 여전히 여유 없고, 사는 것에 바빴습니다. 집안 경제는 나아지지 않았고 돈 들어갈 곳만 많아지자 엄마는 직장을 나가게 되었습니다.

엄마가 퇴근하는 저녁 7시에 버스정류장에서 나는 항상 기다렸던 기억이 있습니다. 버스에서 내리는 엄마는 한눈에 알아보기 쉬웠습니다. 엄마는 환한 웃음만큼 아우라가 빛났습니다. 잔잔한 꽃무늬의 퍼프 소매 미디 플라워 원피스에 나비 모티브의 버클의 벨트를 포인트로 작은 숄더백을 어깨에 멘 엄마가 있었습니다. 화려하게 생긴 외모 덕에 옷이 그리 화려해 보이지는 않았습니다. 엄마의 뽀글뽀글 웨이브 헤어스타일 그 시대 아줌마들의 트레이드마크였습니다.

그해 겨울, 엄마는 코발트블루의 알카파 롱 코트를 입고 환하게 웃으며 버스에서 내렸습니다. 아직도 눈에 선명한 그 진한 코발트블루. 그리고 그해 엄마는 위암이라는 선거를 받고 병상에 눕게 되었습니다.

언니의 국민학교 졸업식 날, 엄마는 미용실에서 뽀글 머리를 드라이로 곱게 풀고 업스타일을 하였습니다. 옥색의 저고리에 진한 블루 치마 한복을 단아하게 차려입고 졸업식에 참석하셨습니다. 전날까지만 해도 약기운 때문에 잘 일어나기 힘든 상황이었는데도 말입니다.

엄마의 옷장을 열어봅니다.

잔잔한 플라워 프린트의 원피스, 체크무늬 롱 스커트, 패턴이 들어간 앙고라 앙상블, 그리고 코발트블루 알파카 롱 코트가 걸려있습니다. 옷들은 빛바랜 컬러들로 유채색감은 엄마의 자유롭고 싶던 마음을 대변하는 것 같았습니다.

엄마의 서랍장을 열어봅니다.

삼베에 풀을 먹여 반듯하게 다린 옷 덮게 위에 백일홍이 예쁘게 자수되어 있습니다. 힘들었던 엄마의 삶의 반전이 아닐 수 없습니다. 엄마는 치열했던 엄마만의 삶에 표현하지 못한 자신만의 이야기를 담고 있었습니다.

내가 스타일리스트가 되고 콘셉트를 스타일링 할 때 나는 몰랐습니다. 미팅을 하고 대본을 읽으며 시나리오를 분석하며 떠오르는 감이 엄마의 옷장에서 왔다는 것을요.

나의 캐릭터 스타일링엔 치열한 삶 속에 자신만의 스타일을 꿋꿋하게 지켜온 엄마의 감이 담겨져 있습니다. 그 감은 나의 스타일 촉으로 캐릭터를 만들어 내고 있었습니다.

스타일리스트가 되기 위해서는 타고난 감각이 있어야 합니다. 물론 요즘은 대학이라는 고등 기관에서 프로세스로 교육하기는 하지만, 감각이라는 것은 가르친다고 되는 것이 아닙니다. 많이 경험하고, 많이 느끼고, 많이 고민해야 합니다. 연기자들이 다른 사람의 인생을 연기하기 위해 직접 찾아가 경험을 하는 것처럼 스타일리스트도 인생 경험을 많이 하여 감각적인 촉이 살아있는 콘셉트 스타일링은 남다른 결과를 가져다줍니다.

촉이 좋은 스타일은 어떻게 만드냐고요? 당신의 촉을 살려주는 엄마의 옷장을 열어보세요. 사람들에게 감동을 선사해 줄 수 있는 당신의 스타일을 만들어 줄 것입니다.

나는 이 사건을
세상에 알리기로 결심했다.

공지영 원작 충격실화

도가니

출처:삼거리픽쳐스

도가니 (2011) 의상 임승희 영화에 참여하다.

세상엔 가만히 앉아서 기다린다고 기회는 오지 않습니다. 혹시 실수로 기회
란 놈이 곁에 왔더라도 그놈을 잡기란 진심으로 힘듭니다. 왜냐고요? 소확
행의 아이들은 존버의 근성이 없습니다. 행복한 일을 하면서 이 기회란 놈을
잡을 수 있는 것은 그 만큼의 하고 싶은 열망과 스스로 자기중심 잡기가 필
요합니다.

Chapter 4

스타일 잡는 여자, 딴따라 임 교수의 미친 스타일

스타일 있는 여자,
인생의 기회 잡는 방법

살아가면서 자기 컬러를 갖고 산다는 것은 참 행복한 일 일 것입니다. 자신만의 컬러와 자신만의 시그니처 스타일을 갖고 있다는 것인데, 사람들이 찾게 만드는 자신만의 색을 갖고 있다는 것은 얼마나 매력적인 상황인지 모릅니다.

핫 대세로 떠오른 개그우먼 장도연의 강연에서 장도연은 모 프로그램 작가와 통화 중에 뼈 때리는 말을 듣게 됩니다.

'도연 씨는 다 좋은데, 색깔이 없는 것 같아'

그 말이 너무 깊숙이 박혀버려서 장도연은 깊은 고민에 빠집니다.
'아 그래? 내가 색이 없던 채로, 나는 10년째 일을 하고 있었던가?'
라는 생각을 하니 허무한 생각이 몰려왔다고 합니다.

개그맨 동기 중에 김준현과 사석에서 이런저런 얘기를 하다가 고민을 이야기하게 됩니다.

'오빠 내가 아무리 열심히 살아도, 사람들이 날 웃긴 사람으로 봐줘

도 내가 색깔이 없대. 그래서 방송에서 별로 메리트가 없나 봐?'

'너 혹시 슈퍼 노멀이라는 말을 아니?

그 순간 '어'하는 충격을 받게 되었다고 합니다.

슈퍼 노멀이란? 진짜 개평범한 것을 이야기합니다. '색이 없다는 게 바로 나의 색이었구나!! 누구나 다 색을 가져야하고 특별해야하고 남들보다 뛰어나야 된다는 강박에 내가 스스로 스트레스를 주지 않았나?' 하는 생각을 하였다고 합니다.

장도연은 무색무취 스타일로 인생의 기회를 잡았습니다. 색이 세지 않으니 튀지 않고 남을 돋보이게 할 수도 있고 색이 없으면 없는 데로, 평범한 데로 그녀는 방송에서 빛나고 있습니다. 누구나 할 수 있는 것이 아니라 그녀의 스타일이기 때문에 가능했던 것 이었습니다.

스타일이란 특별함이 아니라 남다름입니다.

나는 사실 낯을 많이 가립니다. 이렇게 말하면 사람들은 믿지 않지만 나는 사실 사람을 만나는 것에 익숙하지는 않습니다. 그러나 일을 하다 보면 새로운 사람들을 많이 만나게 됩니다. 그 사람들은 나의 첫인상에서 굉장히 밝고 재미있는 사람이라 다시 만나고 싶은 사람이라고 합니다.

나는 낯을 가리나 일은 가리지 않는 스타일이기 때문에 일적으로 미팅이나 새로운 일에 관해서는 호기심 천국입니다. 그러다 보니 눈빛은 초롱초롱했을테고, 제 분야에서는 노련함을 보였을 것입니다. 나는 새로운 일에 대한 두려움은 전혀 없습니다. 설사 처음 마주하는 일이라도 '재미있겠다'로 시작하기 때문입니다.

모든 일에는 프로세스가 존재합니다. 그러나 스타일리스트 분야는 사실 그런 특별한 프로세스가 존재하지 않습니다. 팀별로 자기의 스타일대로 일하기 때문에 정답은 없습니다.

나는 작업 제안과 미팅을 거쳐 촬영장에 가게 되면 나만의 스타일로 촬영 준비를 합니다.

옷걸이에는 컬러별로 밝은 컬러와 아이템별로 정리하여 구김 하나 없이 같은 방향으로 줄을 맞춥니다. 옷을 찾아보기 쉽게 정리하는 것입니다. 그리고 테이블위에는 액세서리별 넓은 상자를 배열하여 네크리스와 이어링, 브레이슬릿, 헤어 액세서리로 분류하여 진열합니다. 한눈에 딱 들어올 수 있게 배려하는 것입니다. 여기에 의상 악세서리나 안경도 다른 상자를 이용하여 정리해 줍니다. 테이블 아래 비닐을 깔고 하이힐, 스니커즈, 샌들을 일렬로 분류하여 정리합니다.

그러고 나면 하나의 작은 쇼룸이 꾸며지는 것입니다.

촬영장에서 감독과 배우는 의상 초이스를 위해 의상 룸으로 옵니다. 나의 의상룸 정리를 보면 자기가 뭔가 특별한 대우를 받는 느낌이라고 합니다. 여기에 오늘 의상 콘셉트에 대한 저의 프레젠테이션과 의상 초이스는 그들이 나를 신뢰하는 가장 중요한 요인으로 작용하게 됩니다. 물론 현장 세팅보다는 콘셉트에 정확하게 맞는 의상이 제일 중요한 요소이기도 하구요.

갑작스런 촬영은 시간을 주지 않고 의상 제작을 해야 하는 상황이 발생하기도 합니다. 물론 선택은 의상 실장이 하는 것이지만 나는 사실 디자인을 하고 소재를 선택하여 콘셉트에 맞는 의상 제작을 선호하는 편입니다. 그러다 보니 나는 제작소 사장님께 밤샘 작업을 부탁드려야 하는 상황이 종종 발생되기도 합니다. 여기서 가장 중요한 것은 인간관계 입니다. 작업 지시서와 원단 그리고 디자인과 최종 결제까지 정확하게 진행하는 것을 원칙으로 합니다. 그러다 보니 그 동안 제작소 사장님과도 신뢰가 쌓이게 되었습니다. 신뢰는 의리가 되었고 내가 부탁을 드리면 밤샘 작업으로 맞춰주시는 제작소 사장님 덕분에 하루 만에도 제작이 나오는 기적도 이루어지기도 합니다. 다들 주변에서 도와주는 지원군을 만난 덕분입니다.

그러다 보니 같이 작업을 하려고 하였으나 스케줄이 맞지 않아 진행을 못 하는 경우 현장에서 문제가 발생이 되면 연락이 바로 오기도 합니다. 물론 일이 커진 상태라 그 일을 진행할 수 있는 사람은 나밖에 없다는 결론 하에서 도움을 요청하는 것입니다.

'현장 정리는 실장님이 최고예요?'
스타일이란 모든 사람이 다 같은 것은 아닙니다. 스타일리스트 분야의 프로세스가 존재하는 것이 아니다 보니 스스로 습득한 방식대로 작업을 진행합니다. 그러다 보니깐 다소 큰 프로젝트에서는 문제가 발생이 되고는 합니다. 나는 스타일링을 할 때 크게 넓게 보는 스타일입니다. 지금 바로 눈앞에 터질 일만을 보는 것이 아니라 곧 발생 할, 그리고 완성 될 그림을 그리고 정리합니다.

스타일이 남다른 당신, 슈퍼노멀스타일 세상입니다. 특별하지 않아도 당신만의 스타일은 통합니다. 당신의 스타일로 특별한 당신의 인생 기회를 잡아보세요!

낙하산입니다만,
엣지 있게 인생 스타일 잡는 법

영화 '야생동물 보호구역'이 개봉하는 날 명동 한복판에서 보디 페인팅을 위한 무대가 설치되었습니다. 영화의 주연 배우인 프랑스 여배우 샤샤뤼까뷔나가 한국에 도착하였습니다. 영화 홍보로 영화 속 인간 석고상 보디 페인팅을 재연하는 행사였습니다. 영화는 제작사와 홍보팀의 업무가 다르다 보니 당연히 프랑스 올로케 영화이고, 프랑스 아티스트가 보디 페인팅 작업을 하였을 것이라고 홍보팀은 생각하였던 모양입니다. 제가 이 영화의 특수분장을 담당하였는데 홍보팀은 미처 그 부분을 체크하지 못했던 것 같습니다. 영화 홍보를 위해서 프랑스에서 아티스트까지는 초청할 수 없다고 판단한 홍보팀은 한*화장품 프로 메이크업 팀을 섭외하였습니다.

행사 시작 2시간 전에 문제가 발생했습니다. 샤샤가 제가 아니면 보디 페인팅을 못 하겠다고 선언한 것입니다.

나의 프랑스 유학길은 카드값 80만 원으로 시작을 합니다. 첫 광란의 사회생활 결과 과도하게 옷을 사 모으다가 80만 원의 카드빚을 지게 되었습니다. 거의 30년 전의 일이니 그때는 꽤 큰 돈이었습니다. 변제의 조건으로 나는 한국을 떠나야만 했습니다. 딱히 유학을 가고 싶었던 것도 아니고 단지 프랑스에 시집간 언니의 우울증 때문에 잡혀갔다는 게 맞는 말입니다.

니스 도착 일주일 후 니스 대학 내 어학당에 등록이 되어 있더라고요. 바로 어학당에서 수업을 받아야만 했습니다. 그때 나는 언니의 우울증이 문제가 아니라 내가 우울증에 걸릴 뻔 한 순간이기도 하였습니다.

형부는 프랑스에서 유명한 한국계 프랑스인 화가였습니다. 형부는 처음부터 큰 그림을 그리고 있었습니다. 방학 때는 한국인이 한 명도 없는 지중해의 휴양지 칸부닥에 있는 형부의 갤러리에서 일을 하면서 일상 불어를 익혔습니다. 어느 정도 불어가 될 즘 아비뇽의 에꼴드보자르(미술대학)의 원서를 나에게 들이 밀었습니다. 주변의 유학생 피셜에 의하면 에꼴드보자르는 들어가긴 쉬워도 졸업하는데 적게는 7년 길게는 20년이라고 하였습니다. 순간의 선택으로 창살 없는 감옥에 갇힐 뻔 하였습니다. 그러나 저는 에꼴드보자르를 선택하지 않았습니다.

한국에서 친구가 잡지를 보내주었습니다. 프랑스 라이선스 잡지인 마담휘가로에서 한국 지역 특파원을 뽑는다는 공고가 났습니다. 나는 다짜고짜 나의 이력을 적어서 한국의 마담휘가로로 보냈습니다. 파리 통신원을 뽑는 것도 아닌데 말입니다. 그냥 한번 도전해 보았습니다.

딱 2개월 뒤 나는 파리의 메이크업 전문학교 취재를 의뢰받았고, 파리의 샹젤리제 거리에 내가 딱 서 있더라고요. 4개의 학교를 취재 후 메이크업 전문학교는 1년만 수료하면 바로 졸업 할 수 있다는 원고를 써서 보냈습니다.

그리고 언니와 형부에게 메이크업 전문학교에 가겠다고 단식 시위를 거쳐 그렇게 나는 파리로 입성하였습니다.

졸업을 하고 백수같이 한가롭던 어느 날 영화사라는 곳에서 전화가 왔습니다.

"할 수 있는 게 뭐 있어요?"

저는 꿈에도 생각 못 해봤습니다. 제가 특수분장사로 영화를 찍을 수 있다니~~ 대박 사건이었습니다.

나의 캐스팅 비하인드 스토리는 이 영화의 영화감독인 김기덕 감독의 프랑스 유랑시절 형부의 도움을 많이 받았다고 합니다. 한국에서 '악어'라는 영화를 찍고 두 번째 영화로 감독에게는 영감의 도시 프랑스 파리를 배경으로 찍기로 결정하였습니다. 그리고 감독의 유랑시절 많은 도움을 받았던 형부에게 감독은 고마움의 표시로 전화를 걸었다고 합니다.

"우리 처제가 프랑스에서 분장 공부를 하고 들어갔는데 실업자야."

저는 제대로 된 낙하산으로 영화계에 입문하였습니다. 영화 현장 단한 번의 경험도 없었고, 시나리오를 읽을 줄도 몰랐습니다. 다만 불어가 가능하고 보디 페인팅을 배웠다는 팩트 하나만 가지고 형부에게 고

마음의 표시로 낙하산 캐스팅에 성공하게 됩니다.

철없던 저의 첫 영화 현장은 저의 미친 텐션과 LTE급 친화력으로 스태프들과 배우들을 장악하였으며, 프랑스 여배우 샤샤의 반 누드 보디 페인팅을 담당하게 되는 영광을 누리게 되었습니다.

전문학교에서 배우긴 하였어도 실전은 처음이었습니다. 성공적인 보디 페인팅을 위하여 저는 페인팅과 분사기를 밤새 연구하였습니다.

그때 안 사실인데, 저는 실전에 참 강합니다. 저의 첫 보디 페인팅은 현장의 스태프으로 부터 찬사를 받았습니다. 그러나 지금 생각해보면 저의 작품을 빛내 준 것은 샤샤의 아름다운 몸매와 서구적인 미모였습니다. 서양인의 작은 두상과 정확한 이목구비, 프랑스인의 작은 체구에도 불구하고 볼륨 있는 몸매가 저의 작품을 빛내 주었던 것으로 저는 생각합니다. 감사합니다.

한국이 처음인 샤샤는 당연히 제가 있을 줄 알았다고 합니다. 그러나, 아무도 저의 존재를 알 길이 없고, 급하게 영화사에서 연락이 왔습니다. 빨리 명동으로 급하게 와달라고 하였습니다.

'다 차려진 밥상에 숟가락만 얹었을 뿐입니다'

명동에서 샤샤의 보디 페인팅 무대 행사는 성황리에 잘 마쳤습니다. 급한 SOS임에도 불구하고 한달음에 달려온 저에게 영화사는 고맙다는 표시로 차기작을 약속하기도 하였습니다.

누구나 행운의 기회는 어떻게 올지 모릅니다. 기회가 왔을 때 절 때로 놓쳐서는 안 됩니다. 그 기회를 발판 삼아 엣지 있게 인생의 스타일을 만들어야 합니다.

나는 우연하게 낙하산으로 영화계에 잘 안착하였고, 그 기회를 발판 삼아 전혀 생각지도 못한 스타일리스트가 되었습니다. 계획하고 노력하여서 얻어지는 인생 스타일도 있겠지만, 저는 기회가 주어졌을 때 최선을 다해서 기회를 놓치지 않았습니다. 그리고 결과물도 좋아야 합니다. 단발성이 아닌 지속적인 연결 고리가 될 수 있기 때문입니다.

당신에게 이런 기회가 온다면 당신을 어떻게 할 것인가요?

엣지 있게 인생 스타일 멋지게 한번 잡고 갈께요~~ 기회는 한번 잡으면 또 다른 기회를 물고 당신에게 다가올 것입니다.

다가 온 기회, 다가 올 기회,
당신의 스타일이 결정합니다

사람에게는 인생을 살면서 세 번의 기회가 온다고 합니다. 당신에게 주어진 랜덤의 기회가 왔을 때 당신은 어떤 제스처를 취할 것인가요?

최근 방연 된 tv조선의 '미스터 트롯'은 코로나19와 함께 모처럼 만에 안방 시청률 30%를 기록하는 기염을 토해냈습니다. 트롯이라는 장르가 성인가요이다 보니, 하려고 하는 사람들도 한 번에 하지 못하고, 아이돌이나 발라드를 돌아서 시작하게 됩니다. 그러다 보니 가수들의 어마 무시한 인생 스토리가 또 다른 감동으로 다가 옵니다.

무명가수로 데뷔하여 무대에 서기까지 군고구마 장사 아르바이트부터 안 해 본 일이 없고, 자취방은 2년째 세면대에 물도 안 나와 샤워기로 대신하고, 난방기는 한번 끄면 다시 안 켜지는 마술을 부리는 곳에서 짠한 삶을 찐하게 살아온 미스터 트롯 진.

영화의 60년대 시나리오에서나 나올 법한 상황이지 않습니까? 그러나 2020년 현재 장안에 인싸로 떠오른 짠영웅의 진짜 스토리입니다.

딱히 눈에 띄는 미남은 아니지만 수수한 외모에 훤칠한 키와 수줍기는 해도 나름 유머도 있고 매너도 있는 20대 후반의 젊은이가 있습니다. 자신이 애정하는 일을 하기 위해서는 많은 좌절의 순간들이 있었을 텐데, 그 기회라는 놈을 잡기 위해 버텨야 했던 현실은 아마도 녹록하지 않았을 것입니다. 그의 환경은 주변의 유혹도 많았을 것 같은데 그는 기회란 놈을 잠복하고 기다려온 모양입니다. 어디 한번 나타나 봐라!! 그 기회란 놈이 성격이 지랄 맞아서 언제 올지도 모를 일입니다. 그러나 오랜 잠복으로 기회란 놈을 잡은 임영웅은 환하게 웃습니다. 아마도 그 기회란 놈을 잘 잡은 자신에게 '존버는 승리한다'를 외치는 듯 합니다.

나에게도 기회가 왔다면 당신은 이 기회를 이번에 꼭 잡아야겠다. 아니면 다음 기회를 노려보지 뭐, 하면서 발로 걷어찰 것인가요?

시간이 지나 생각해보니 나에게도 여러 번의 기회가 스치듯이 지나갔습니다. 그럼 나는 전자일까요? 후자일까요?

나는 그 기회라는 놈이 옆에 와 있는 것도 모르는 사이에 기회를 잡고 있었습니다.

어떻게요? 나는 호기심이 강하고 새로운 일, 새로운 사람, 새로운 것을 좋아합니다. 일을 하다 보면 뜻하지 않게 경험이 없는 분야인데도 제안이 들어오기도 합니다. 그들은 나에게 '할 수 있어요?'가 아니라 '해주세요!'로 접근해옵니다. 누구나 황당한 상황이 아닐 수 없습니다.

그러나 저는 '재미있겠는데?' 이미 나의 뇌 피셜은 불가능이 가능으로 바뀌는 작업이 시작되고 있습니다.

그들은 나의 거침없는 입담과 순식간에 만들어 내는 결과물 그리고 일사천리의 커뮤니케이션으로 입히고 싶은 옷은 어느 순간 제 손에 들어와 있게 만드는 인간관계의 능력에 의뢰를 하는 것이 아닐까 생각합니다.

그러고 보면 나는 한순간, 한순간 매사에 최선을 다했던 것 같습니다. 그들은 한결같은 나의 쌉파서블 스타일, 꾸안꾸 스타일을 의상학계의 정설로 섭외하는 모양입니다. 확인 따윈 필요 없습니다. 무조건 가능하게 해야 하는 나름대로 국가적 책임감을 갖고 접근하는 모양입니다.

"다음 달에 들어가는 뮤지컬인데 의상 가능하시죠? 시간 괜찮아요?"

와! 꿈에 그리던 뮤지컬이라니 저는 '할 수 있을까?' 머리 속 생각 따위에 물어보지 않고 대답합니다.

"뮤지컬 의상이요? 그럼요 당연히 제가 잘할 수 있죠."

대답하고부터 시작하는 나의 고민. 뮤지컬 의상도 분명히 프로세스가 있을 텐데 우선은 그것부터 알아보고, 나의 작업실 스케줄부터 잡고 미팅을 강행합니다.

왜냐면 나는 한 번도 나에게 온 기회란 놈의 먹살을 놓친 적이 없습니다.

'재미있겠다'라고 생각하면 바로 시작하는 스타일이어서 앞뒤 안 가리는 미친 실행력의 그녀이기 때문입니다.

그런데 말입니다, 왜 그들은 저한테 뮤지컬 의상의 경력을 물어도 보지 않는 것일까요? 당연히 할 수 있다고 생각하고 들어오는 제안들 말입니다.

나는 얼떨결에 메이크업 쇼를 시작으로 낙하산을 타고 영화 현장에 타박상을 입고 어느 정도 잘 안착하였으며, 학원에서 열강을 하다가 연예인 스타일리스트로 대박이 나서 이젠 뮤지컬 의상까지, 나의 한계란 없습니다.

미지의 세계로 들어가면 갈수록 재미있는 것들은 더 많았습니다. 세상을 살면서 할 수 있는 일만 안전빵으로 하고 살고 싶은, 복세편살(복잡한 세상 편하게 살자)을 외치는 나의 제자들은 나의 쌈파서블 에너지에 가끔은 화상을 입기도 합니다.

도전하고 싶지 않은 그들에게 나는 몸소 샘플링 하여 기회란 놈을 잡는 방법을 보여주기도 합니다. 세상엔 가만히 앉아서 기다린다고 기회는 오지 않습니다. 혹시 실수로 기회란 놈이 곁에 왔더라도 그놈을 잡기란 진심으로 힘듭니다. 왜냐고요? 소확행의 아이들은 존버의 근성이 없기 때문입니다. 행복한 일을 하면서 이 기회란 놈을 잡을 수 있는 것은 그 만큼의 하고 싶은 열망과 스스로 자기중심 잡기가 필요합니다.

'미스터 트롯'은 코로나19로 심란한 대중들의 마음만 잡은 것이 아니라 '기회란 놈의 사용법'을 짠영웅의 인생 스토리를 통해 알려줬습니다. 주변 환경은 기회란 놈을 잡는데 아무런 영향을 받지 않습니다. 단지 그냥 기회란 놈을 놓친 후의 핑계 거리 일 뿐입니다.

당신은 이 다가 온 기회와 다가 올 기회를 당신의 어떤 스타일로 마중할 것입니까?

환경에 대한 핑계 거리와 소심한 자신의 성격만을 탓할 것입니까? 아니면 대적하여 기회란 놈이랑 맞짱 뜰 준비가 되어 있으신가요?

대부분의 성공한 사람들의 공통점을 보면 기회가 왔을 때 물러서는 사람은 없습니다. 죽든 살든 돌격 앞으로 미친 실행력으로 남들보다 두배 세배 바쁘게 산 자의 승리입니다.

당신 스스로에게 물어 보세요! 당신은 다가 온 기회를 잡으실 의향이 있으신가요?

최대 위기 MC 김원희 스타일을 맞춰라, 그리고 후퇴해도 좋다

나의 오래된 닉네임은 김원희 스타일리스트입니다.

탤런트 김원희를 기억하는 사람들은 거의 나를 기억합니다. 저의 20, 30, 40대를 그녀와 동행하였기 때문입니다. 우리의 첫 만남은 우주의 행성이 서로 충돌하듯이 그렇게 강렬하였습니다. 제 인생의 첫 번째 가장 큰 시련과 함께, 저라는 사람의 브랜딩을 해준 그녀와의 강렬했던 첫 만남의 순간을 저는 아직도 잊을 수 없습니다.

드라마 촬영을 열심히 하며 연기자 쪽 스타일리스트로 어느 정도 안정감 있게 자리매김을 하고 있을 때였습니다. 촬영장으로 급하게 매니저 팀장님이 찾아와서 김원희 스타일리스트로 바로 가능한지 타진하였습니다. 그때 김원희는 톱 중의 톱스타였습니다. 이미 그녀만의 유니크한 스타일로 패션을 주도하고 있을 때였습니다. 누구나 탐내는 스타 중의 스타. 나에게 기회가 온 건가? 가슴이 두근두근 뛰기 시작한 그 날, 나의 괴로움이 시작될 줄은 꿈에도 생각하지 못했었습니다.

처음으로 버라이어티쇼 MC 의상을 준비하게 된 나는 사전 미팅 없이 바로 촬영장에서 김원희를 만나게 되었습니다. 세상에나, 세상에나! 바비인형 같은 그녀. 호수 같은 깊은 눈과 도톰하고 작은 입술, 이 게 꿈이야 생시야. 그렇게 많은 연기자를 만나봤어도 그녀를 보는 순간 TV에서 막 튀어 나왔나? 착각이 들 만큼 비현실적으로 빛나는 외모의 소유자였습니다.

그런 꿈같은 순간에 그녀는 거침없이 나의 옷이 마음에 안 든다고 청천벽력 같은 말을 하였습니다. 하늘이 무너지는 소리, 난생처음 듣는 소리, 거짓말이겠지, 믿고 싶지 않은 소리였습니다.

왜냐면 드라마는 사전 캐릭터를 잡아 씬별 의상을 미리 세팅하기 때문에 이런일은 상상도 못 하는 일이었기 때문입니다. 화들짝 꿈에서 깨어났습니다. 나는 희미하게 미소를 짓고 있으나 너무 자존심 상했던 잊지 못할 순간 이었습니다. 저는 아무런 말도 하지 못했습니다.

MC 의상이니깐 다시 콘셉트를 잡아 서울 컬렉션 의상을 섭외하기 시작했습니다. 쇼복이라 보통의 연기자들에겐 다소 헤비 할 수 있지만 MC 의상으로는 적합할 수 있으니깐. 과장 된 퍼프소매와 허리가 잘록하게 잡아주는 벨트를 매칭하고 플라워 오브제가 지천으로 붙은 풀 스커트. 화사한 핑크와 엘로우 샤가 들어가서 한눈에 들어오는 쇼복 이었습니다.

그러나 이번엔 바지만 입는데 바지가 없다는 말로 또 한 번 나에게 비수를 꽂았습니다. 내가 못 맞추는 사람도 있다니. 아무런 말도 하지 않았지만 정말 자존심이 상해서 그 순간 나는 맹세하였습니다.

'내가 너를 맞추는 순간 내가 너를 그만둔다.'

그래서 이번엔 해외 컬렉션을 찾기 시작했습니다. 해외 컬렉션의 쇼 복은 국가별로 1, 2주 정도 머물면서 나라별 로테이션을 합니다. 룩북 을 보고 홀딩을 하여도 스케줄 맞추기가 빠듯했습니다. 저는 다짜고짜 샤넬에 전화를 걸었습니다.

'전화 주셔서 감사합니다. 저희는 연예인 스케줄에 홀딩이 불가능합 니다. 화보 촬영 때 다시 문의주세요.'

정중한 거절이 이어졌고, 저는 여러 차례 다시 전화해서 샤넬의 쇼 복을 버라이어티쇼에 협찬해야 하는 이유에 대해서 조목조목 설명하 기 시작했습니다. 무조건 직진하는 저의 스타일에 담당자가 회의를 거 쳐 답변을 주기로 하고, 그날 저녁 샤넬이 처음으로 연예인 스케줄에 협찬을 진행하는 놀라운 일이 벌어지기 시작했습니다.

몇 차례 더 인간미라고는 하나도 찾아볼 수 없는 무미건조 한 핵폭 탄 평가는 나를 침묵하게 만들고, 나는 맞추고야 말겠다는 열정으로 불타오르게 하였습니다. 나는 포기하지 않았습니다. 아니 포기 할 생 각이 없었습니다. 맞출 때까지 나는 전력 질주할 생각 이었습니다.

샤넬룩은 김원희의 러블리함을 표현해 주는 데 아주 훌륭하였습니 다. 촬영을 마치고 어둑해져 말 없는 나에게 그녀가 조심스럽게 이야 기하였습니다.

'우리 동갑인데 지금부터 말 놓자. 나는 그동안 옷이 맘에 안든 게

아니라 네가 얼마만큼 버틸 수 있을 지를 본 거야. 나 옷 맘에 들어.'

다리에 힘이 풀리고 헛웃음이 비실비실 흘러나왔습니다.

그날 이후로 김원희와 나는 둘도 없는 감성 동지로써 MBC '놀러와', SBS '헤이헤이헤이'에서 그녀만의 러블리 한 패션을 선보였고, 주변에 김원희를 롤모델로 하는 연기자들이 즐비하게 연락이 오기 시작했습니다. 저는 그 이후 김원희 스타일리스트라는 닉네임으로 손에 꼽히는 섭외 0순위 스타일리스트 대열에 올라설 수 있었습니다.

방학때 실습을 보내면 학생들은 별일 아닌 일로 못하겠다면서 연락이 오고는 합니다. 자존심에 금이 갔다나? 본인의 실수를 사람들 앞에서 혼낸 모양입니다. 사회라는 곳은 그리 녹록치 않습니다. 학교도 아니고 그럼 실수한 사람의 마음을 헤아리고 넘어갈 사람이 어디 있겠습니까? 더군다나 패피는 대부분 급한 성격과 욱하는 기질을 기본적으로 가지고 있습니다. 누구를 기다려주거나 그 사람의 자존심을 상하게 하겠다고 그러는 것이 아니라 그냥 그들의 성깔이고 그들의 일하는 스타일인 것입니다.

나는 학생들에게 이야기 합니다.

'자존심이라는 것은 너희가 최선을 다했는데 평가받지 못했을 때 자존심 상한다고 하는 거야. 잘못한 것을 지적해 주는 것에 자존심 상했다고 하면 어떠한 일도 같이 하기는 힘들어?'

당신은 이런 위기가 왔을 때 어떻게 대처할까요?

보통의 사람들 대부분은 '그냥 관두면 되지 뭐' 이렇게 반응을 합니다. 그러나 자존심을 지키는 것은 자신의 최고치를 보고 상대가 감동하는 순간이라고 생각합니다.

지금도 나는 김원희와의 첫 만남의 기억을 생각하면 정말 식은땀이 삐질 나옵니다. 그러나 그런 시간이 있었기에 나의 브랜딩을 할 수 있었고, 24년간 열심히 달려올 수 있지 않았나 하는 생각을 합니다.

시련의 순간이 왔을 때 도망가지 말고 열심히 도전해 보세요, 자존심을 지킨다는 것은 그 분야에서 인정을 받는 순간입니다.

스타일리시 공유 스타일을 바꿔라,
국민적 감성을 뒤흔든 도가니의 강인호 되기

커피를 마시지 않음에도 커피를 마시고 싶게 하는 광고가 있습니다. 부드러운 크림의 국민 커피 맥*을 누르고 '공유가 다 했다'로 통하는 카*입니다.

'인간 카*'로 불리는 배우 공유~~ 시간이 갈수록 더 성숙해지면서 매력적인 그의 스타일은 광고계의 또 다른 역사를 쓰고 있습니다.

드라마 '커피프린스 1호점'의 카페 사장님으로 등장하면서 커피 마니아층의 소비자들이 무의식중에 공유의 커피 카누를 마시는 공감대를 형성하기 시작 하였습니다. 젊은 20대 이상의 여성들은 드라마 '도깨비'의 공유까지 카*를 연관시키며 커피를 마십니다.

TV 드라마로 데뷔하여 스타일리시한 드라마의 스위트 가이로 대중의 마음을 훔치더니, 공유 패션은 부드럽고 로맨틱한 이미지로 대한민국의 여심을 단박에 사로잡았습니다.

그런 공유가 전 국민이 분노한 영화 '도가니'에서 의식 있는 배우로 돌아왔습니다.

공지영 장편소설 '도가니'는 사회 고발성 실화 소설입니다.

사회적 약자인 장애인의 외면당하는 인권을 다룬 다소 무거운 소설을 읽고, 소신 있는 결정을 합니다. 그 동안 공유의 이미지와는 전혀 다른 캐릭터 연기로 영화의 몰입도를 높여야하는 부담감이 있습니다.

그 동안 공유의 패션은 언제나 정답이었습니다. 티셔츠 하나만으로 패션을 완성하는 공유.

심쿵 드라마 '커피프린스 1호점'의 달달한 감성적인 배우에서 청각 장애 학교의 미술 교사 강인호가 되어야 했습니다.

영화의 캐릭터는 의상으로 표현해 줘야 합니다. 보통 방송에서 톱스타 연기자 같은 경우엔 영화 의상도 개인 스타일리스트가 담당하는 경우가 종종 있습니다. 더군다나 공유하면 스타일리시한 그의 패션을 누구나 떠 올리게 됩니다.

영화는 미술팀에 의해서 미장센이 결정됩니다. 그러다 보니 영화에서는 개인 스타일리스트 참여를 크게 환영하지는 않습니다. 영상의 색감이나 캐릭터의 디테일을 위해서는 영화 의상팀이 총괄하는 것이 전체적인 의상의 밸런스를 맞출 수 있기 때문입니다. 전작 영화도 개인 스타일리스트가 진행을 한 터라 영화사도 조심스럽 긴 마찬가지였습니다.

그러나 공유는 강인호가 되기 위해 영화 의상팀을 선택하였습니다. 오롯이 도가니의 강인호가 되기로 한 것입니다.

낯선 만남과 캐릭터에 관한 이야기를 오랫동안 나누었습니다. 이미 강인호가 되어버린 공유는 전반적인 분석이 끝난 상태였습니다.

강인호가 되기 위해 보디라인을 잡아주는 피트 핏의 의상을 배제하고 노라인의 정장을 입혔습니다. 프로포션이 훌륭한 배우는 내셔널 브랜드 셔츠의 소매가 다소 짧았습니다. 우선은 수입 브랜드의 캐주얼 셔츠를 착용해보고 솔리드보다는 큰 격자무늬 체크라든지 연한 스트라이프 셔츠를 매칭 하였습니다. 촬영 씬의 강약을 맞추기 위해 본격적으로 강인호의 의상은 풀 착장 제작되었으며, 섬세하게나마 감정 표현을 위해 컬러변화를 주었습니다. 제품 사용 없이 흘러내린 헤어스타일에 라인 없는 직선의 실루엣은 교사로서 그저 평범한 강인호의 이미지를 만들어 냈습니다.

상상이 전혀 안 되는 상황이었습니다. 로코킹의 스위트 가이 공유가 흔한 주변사람의 인상 서글서글한 선생님으로 변한 것입니다. 옷을 입듯 고유의 캐릭터는 그렇게 청각장애인 학교의 미술 선생님으로 눈빛마저 촉촉하게 변신에 성공하였습니다.

연예인과 작업을 하다 보면 캐릭터에 대한 욕심보다는 브라운관에 나오는 자신의 모습에 관심이 더 많습니다. 주어진 역할이 가난한 캔디 역할이라도 명품을 선호하며 브랜드를 찾는 경우가 있습니다. 캐릭터는 가난하더라도 화면에 나오는 배우는 고급스럽 길 원합니다. 심지어 형사나 조폭의 캐릭터인데 명품 알**를 찾는 배우도 있었습니다. 어차피 브랜드 표기 없이 나가니 '하나를 걸치더라도 좋은 걸 입겠다'는 견물생심의 마음인 것입니다. 대부분이 아니라 가끔 이런 경우들이 있기도 합니다.

공유와의 작업은 연기에 몰입하기 위해 최대한 노력하는 그의 인간적인 모습이 감동이었습니다. 촬영장에 입고 오는 사복이 더 멋있었던 배우 공유는 그렇게 옆집 오빠로 우리를 찾아왔고, 사회적 공감대를 형성하면서 '광주 인화학교 사건'은 재조명 되었으며, 공유는 의식 있는 배우로 거듭나게 되었습니다.

'이동욱은 토크가 하고 싶어서' 첫 게스트로 공유가 등장했습니다. 영화나 드라마 광고 이외에는 TV에서 볼 수 없었던 배우는 의리 있게 동료의 첫 방송의 문을 열고 나왔습니다.

'도깨비'로 맺은 의리를 소탈하게 보여주는 공유의 매력은 그래서 광고시장에서 브랜드 론칭과 함께 공유의 브랜드로 같이 롱런하고 있는 것이 아닐까 하는 생각이 듭니다.

사람마다 갖고 있는 스타일은 그의 인생길에 한 번쯤의 변곡점을 만나게 됩니다. 안정된 것보다는 모험을 통해서 스타일은 더욱 빛이 나게 됩니다.

당신은 당신의 스타일에 변곡점에서 어떠한 선택을 할 것인가요? 나의 외모가 변화하는 만큼 나의 내면의 스타일도 변화 할 것 입니다. 도전해보세요. 변화의 중심엔 당신의 스타일이 있습니다.

멘탈갑 스타일 고수, 배우의 심장이 되어
'석조 저택 살인사건'에서 만나다

나직한 목소리의 그의 대사가 귓가에 맴도는 정적인 배우 고수.

화려한 이력보다는 흡입력 강한 연기력으로 그의 존재감은 충무로를 대표하는 배우로 자리매김 하였습니다.

사람마다 숨기고 싶은 자신의 과거에 모습이 있을 것입니다. 많이 서툴고 힘들었고, 앞이 전혀 보이지 않던 순간들, 그 찰나의 순간들이 지금의 나를 만든 건 아닌지 하는 생각이 듭니다.

연예계에서 오래 살아남기 위해서는 자신만의 끼를 가져야 한다고 하지만, 그것보다는 얼마나 잘 버티느냐가 지금의 나를 만드는 것 같습니다. 포기하고 싶고, 자존심 상하는 순간들이 많다 보니 연기자나 스테프나 그 순간의 터널을 잘 통과해야만 더 단단해 질 수 있습니다.

한중합작의 대작영화 이민호 주연의 '바운트헌터스' 촬영을 종료하고 정리 중인 상황에 다른 영화사 대표가 전화가 왔습니다. 현재 60프로 진행한 영화인데 촬영 계약 기간이 종료되면서 스테프와의 협의 결렬로 SOS를 친 것입니다. 영화는 시대물이고, 콘셉트는 있으나 촬영에 대해서는 다시 콘셉트를 잡고 의상을 제작해야 하는 상황이었습니다.

시대물은 제작과 렌탈을 병행하며, 소품을 제작해야 하는 큰 작업이라 스태프가 바뀌게 되면 문제가 발생하는 경우가 많습니다. 이 경우는 대부분 별로 발 담그고 싶지 않은 흙탕물 싸움으로 번질 가능성이 있는 상황이었습니다.

그러나, 하필이면 같이 작품을 했던 감각적인 미술감독이 작업하고 있는 영화에다가 주연배우가 고수와 김주혁이라니, 마음이 흔들리기 시작했습니다.

고수와는 초면이 아니었습니다. 그의 앳된 10대 시절 고수의 첫 데뷔촬영을 나와 같이 하였습니다. 그가 과연 그때를 기억할지? 그리고 그때를 잊고 싶어 하는 건 아닌지?

90년대 지금의 스타들은 대부분 잡지로 데뷔했습니다. 하이틴 스타로의 등용문인 잡지 모델로 첫발을 내디뎠고, 대중에게 얼굴을 알려지면 연기자로 가수로 데뷔를 하던 시절이었습니다.

하필이면 그날은 헤드 에디터가 촬영하던 날이었습니다. 올해의 기대주 남자 모델 5명의 패션 컷과 인터뷰 컷의 촬영 이었습니다. 촬영은 외부 카페에서 진행되었고 4명의 모델은 그 당시 톱을 찍고 있던 톱모델들이었고, 한명의 신인 모델이 도착 하였습니다. 생소한 외모에 아직은 앳된 얼굴엔 여드름이 한창이었던 다소 수줍어하는 모델이었습니다.

헤드 에디터와의 촬영은 스테프도 격하게 반응하고 응대해야 하는 좀 긴장되는 촬영입니다. 이날도 한참 필 충만하여 꽂히는 대로 촬영을 진행하던 헤드 에디터 눈에 프로다운 모습의 모델들 가운데 수줍고 어색한 신인 모델이 눈에 거슬리기 시작하였나 봅니다.

"재 누가 넣은 거야? 올해의 기대주만 넣으라 했잖아!!"

짜증스러운 헤드 에디터의 쩌렁쩌렁한 말투는 옆에 있는 저에게도 비수로 와 꽂혔습니다. 그리고 걱정이 되었습니다. 아 정말 어떻게 하지? 신인 모델이 많이 위축되었을 텐데.

그러나 아무도 그 신인 모델을 대변해 줄 수 있는 사람은 없었고 그렇게 비수를 꽂은 채 촬영은 계속 진행되었습니다.

점심시간이 되어서 하이텐션의 모델들과 헤드 에디터는 호호, 하하 유쾌한 시간을 맞고 있었습니다. 현장은 나를 챙겨주는 곳이 아닙니다. 혼자 생존해야 하는 동물의 왕국 같은 곳입니다. 멘탈이 강하지 않으면 바로 사장될 수밖에 없는 잔인한 곳이기도 합니다.

스태프가 모인 테이블에 신인 모델이 자리를 잡았습니다. 눈망울이 사슴같이 촉촉하고 환하게 웃는 모습이 너무 인상적이었습니다. 메인 테이블의 왁자지껄 소리에 뒤질세라 다른 화두로 씩씩하게 웃으며 화제를 돌리던 그 신인 모델, 바로 고수였습니다.

그는 강했습니다. 옆에 있던 저도 안절부절 상처가 될 거 같아 안쓰러웠던 그 순간의 터널을 그는 무난히 잘 통과하였습니다. 여드름 난

환하게 웃던 그 청년의 모습이 지금도 선명한 기억으로 제 뇌리에 남았습니다.

우리 팀의 합류로 촬영 준비는 잘 되었고, 고수의 의상을 준비하면서 기대 반 설렘 반 이었습니다. 과연 그때를 그는 기억할까? 그냥 잊고 싶은 기억이 아니었을까?

더블 버튼 슈트에 중절모를 쓴 촉촉한 눈망울에 낮은 저음의 배우는 새로운 의상팀과 다소 멋쩍은 인사를 하였습니다. 석조저택 살인사건의 최인수의로 만난 배우는 설레임과 두근거림을 선사했습니다. 그리고 고수는 첫 잡지 촬영을 기억하고 있었다.

"아 그때 실장님 생각나요. 맞아요. 첫 촬영이었어요."

충무로의 심장이 된 배우 고수는 그 순간의 터널을 기억하고 있었습니다. 그의 스타일은 어떠한 상황에서도 강하게 버틸 수 있는 멘탈갑 이었습니다. 우수에 찬 눈빛을 간직한 클래식한 배우로 성장한 고수는 문성근, 박성웅, 김태우 배우에게도 소소한 일상을 챙기면서 다정한 모습이 참 인상적이었습니다. 인간적인 배우 고수의 스타일인가 봅니다.

목표를 가지고 한 걸음부터 시작하다 보면 우리를 가로막는 장벽을 만나기도 합니다. 요즘처럼 유리 멘탈로는 버티기 힘들고, 포기하게 되는 순간을 만나기도 합니다.

그러나 지금의 배우 고수를 만든 것은 그 장벽에서 멘탈을 놓치지 않고 버티기에 성공한 그만의 스타일입니다.

나의 멘탈 스타일은 지금 어떤 상태인가요?

하고자 하는 일이 있다면 포기하지 말고 그 순간의 인생 터널을 잘 통과해 보세요. 누구나 목표의 최고점에 멘탈갑 스타일의 자신을 만날 수 있을 것입니다.

아메리칸 스타일 한예슬,
한국의 스타일리시 셀럽의 중심이 되다

패션 피플 핫 인싸 한예슬, 그녀의 시크한 매력과 변함없는 미모는 대중들에겐 큰 이슈로 다가옵니다. 그녀의 일상과 라이프 스타일, 그녀만의 시크함은 대중의 선망의 대상이 되기도 하고, 그녀의 하이 톤의 웃음소리는 그녀를 대변해 주는 트레이드마크 입니다. 지금도 선명히 들려오는 하이 톤의 그녀의 웃음소리.

기획사 대표님으로부터 연락이 왔습니다. 신인인데 좀 와서 봐 달라고. 보통 신인의 스타일을 만들어야 할 때 데뷔 전에 사전 작업을 통해서 스타일을 만드는 경우가 종종 있었습니다.

그녀를 만나기 위해 기획사 사무실로 들어서는 순간 그녀의 뒤쪽으로 후광이 비쳤습니다. 첫눈에 반해야만 볼 수 있다는 후광~~

"왜 이렇게 예뻐요?"

슈퍼모델 출신인 한예슬은 논스톱에 단발로 출연하여 시청자의 폭발적인 반응으로 바로 주인공으로 자리를 잡은 천운의 그녀였습니다.

미국에서 온 그녀는 다른 연기자와는 달리 의상 선택을 할 때 연기할 케릭터와 그 의상을 입어야 이유에 대하여 자세히 설명을 해줘야 했습니다. 그녀는 호기심 많고 패션에 대한 관심도 유독 많았습니다. 패션에 관심이 많다는 것은 토론할 거리가 많아서 오히려 서로 말이 통하는 부분이 있기도 하였습니다. 사실 한예슬은 화려한 외모의 소유자로 그녀를 돋보이기 위해서는 미니멀 한 의상이 잘 맞았습니다.

그녀의 인기는 진짜 순식간에 이슈가 되었으며, MBC '섹션TV 연예통신'의 MC로 데뷔하는 날이었습니다. 그날 생방송이 끝나자마자 소속사 대표는 버럭 화를 내기 시작했습니다. 옷이 너무 평범하다는 것이었습니다. 그날 한예슬은 몸매 라인이 드러나는 인디핑크 민소매 원피스를 입었습니다. 화려한 그녀의 미모를 살리기 위해서 디테일 보다는 고급스러움을 추구하자고 사전에 한예슬과 합의 하에 착용한 의상이었습니다.

"언니랑 저랑 얘기해서 정한 의상이에요. 저는 너무 괜찮았는데요."

자신의 생각을 명확하게 이야기할 줄 아는 그녀. 사람들 대부분은 상대를 앞에 두고 싫다는 말을 잘 못 하는 경우가 많습니다. 그러다 보니 불만을 뒷담화로 하게 되는 경우도 생기기도 합니다. 이런 일들이 많다 보니 연예계에서는 '얼굴에 분칠한 것들은 믿지 말라'는 말도 나오고, 서로 문제가 되었을 때 남의 탓으로 돌리는 게 다반사 입니다.

그러나, 아메리칸 스타일 한예슬은 직선적으로 좋고 싫음이 명확한 친구였습니다. 문제가 발생하였을 때 정확하게 해결할 수 있는 정의감을 갖고 있기도 하였습니다. 그러다 보니 제가 그동안 같이 작업한 연예인 중 가장 편하게 작업을 했던 연기자를 뽑자면 한예슬이 당연히 다섯 손가락 안에 들어갑니다.

한예슬의 인기는 광고시장도 휩쓸었습니다. 광고 촬영은 일정이 늘 빠듯했습니다. 광고는 제품을 살려줘야 해서 대부분의 의상은 제작으로 이뤄지는 분야이기도 합니다. 그러다 보니 좀 민감할 수 있는 부분입니다. 콘셉트를 설명하고 스타일화를 그려서 의상에 대한 이해도를 아무리 높인다고 해도 결과물과 다를 수도 있고, 촬영 일정에 맞추려면 잘못 나왔다 한들 다시 되돌릴 수가 없기 때문입니다. 그녀의 완벽주의 성격에 그런 이유 따위는 통하지 않습니다. 그래서 더더욱 신경을 많이 쓰게 되는데, 제작 의상은 촬영할 때 가끔 속옷이 문제가 될 때가 있습니다. 그래서 보통은 모델이 되는 연예인에게 누드 브라를 착용하고 오도록 사전에 이야기하기도 합니다. 우리는 같은 팀이니까요. 그러나 그것이 문제가 될지는 꿈에도 몰랐습니다.

당연히 속옷을 잘 갖추고 왔을 거라는 제 생각은 촬영 준비 시작부터 산산조각이 나고 말았습니다. 미용실에서 만나 제일 먼저 속옷을 확인하였는데 아메리칸 스타일은 제작 의상에 맞는 속옷까지 스타일리스트가 다 준비한다는 것이었습니다. 차분히 생각을 해보니 '왜 나는 그 생각을 못 했을까?' 왜냐하면 드레스의 네크라인이 어느 정도 파이느냐에 따라서 속옷의 모양이 달라야 하는 것이 맞는 말이었습니다. 한국식 스타일은 '구지 보이지도 않는 속옷까지 준비해야 하나?' 식의 안일한 방식이 일반화되어 있었습니다.

프로의 세계에서는 이유란 있을 수 없습니다.

화려함 뒤에 감추어진 그녀의 지적 감성은 매번 촬영을 같이 준비하면서 빛을 발휘하게 되었으며, 자신의 생각을 조곤조곤 얘기하면서 상대방을 존중하는 모습을 볼 때, 그녀의 아메리칸 스타일은 '같이 일하는 스태프에 대한 예의가 있구나' 하고 감탄하게 하였습니다.

호기심이 많고 패션에 대한 도전의식이 강한 그녀는 그 독특한 음성으로 앨범을 내기도 하고 화보를 통하여 자신만의 패션 세계를 보여주기도 하였습니다. 항상 그녀가 핫 이슈가 되는 이유는 너무나 평범해 보이는 심플한 의상을 그녀만의 매력으로 아름답게 표현하기 때문이 아닌가 싶습니다.

저는 그녀와 일하면서 사람과 사람이 하는 일인데 참 인간적인 모습을 갖고 있구나! 그녀의 아메리칸 스타일이 지금까지도 사랑받는 이유는 보이는 패션 감성도 있겠지만 그녀가 가지고 있는 프로의식에서 나오는 게 아닌가 싶습니다.

그녀의 첫 스타일리스트로서 KBS 미니시리즈 '구미호 외전'까지 2년 남짓 함께 하였으며, 이후 그녀는 더욱 활발하게 활동하였고, 여러 팀의 스타일리스트 팀을 거치면서 톱스타 대열에 당당히 올랐습니다.

그런 그녀를 10년이 지난 어느 날 청담동의 헤어숍에서 우연히 마주치게 되었습니다. 저 멀리서부터 눈에 익숙한 후광이 비치더라고요. 바로 한예슬 첫 만남의 그때 그 함박웃음으로 저를 맞아주었다. 경계가 없는 그녀입니다.

세계가 그녀의 미모와 그녀의 패션에 열광하는 것은 그녀가 대중을 사로잡는 재능에서만이 아닌 것 같습니다. 명품 브랜드의 뮤즈로서 항상 당당한 그녀를 보면 그녀가 가지고 있는 진정성 있는 프로의식이 느껴집니다.

한국을 대표하는 스타일리시 셀럽으로 한국의 패션을 세계적으로 전파는 그녀의 모습은 오늘도 당당합니다. 그녀는 프로이기 때문입니다.

J'ai perdu ma cle' (키를 잃어버렸어요),
한국 최초 우주인 선발대회 우주복을 만들다

인생을 살다 보면 별로 큰 기대를 하지 않았던 나의 경력이 쓸모가 있을 때가 있습니다. 그래서 부모님들은 되든지, 안되든지 밑도 끝도 없이 무조건 공부를 하라고 하는지도 모르겠습니다.

나는 22살에 프랑스 니스로 유학을 갔습니다. 아베세데도 모르고 그냥 니스에 도착하자마자 니스 대학 내 어학당 CAVAL에 등록이 되어 있어서 무조건 수업을 들어야 하는 상황이었습니다.

우리 클래스에는 동양인으로 일본인 4명, 그리고 저, 나머지는 유럽에서 온 친구들과 미국에서 온 서양인 20명으로 구성되었습니다.

수업은 대화문을 A, B로 나누고 두 명씩 파트너를 정해서 대화하는 방식으로 이루어졌습니다. 상대를 잘 정해야 합니다. 상대방이 질문을 못 하거나 대답을 못 하면 그날은 수업이 망치는 시스템입니다, 서양인 친구들은 알파벳과 어순이 같다 보니 얼추 금방 잘 따라갔고, 일본인 친구들은 이미 어느 정도 불어를 배우고 온 상태라 별 문제가 없어 보였습니다. 그러나 저는 난생처음 불어를 배우는 거라서 수업 진행이 많이 벅찬 상태였고, 다른 학생들이 저랑 파트너가 될까 봐 살살 피하기 일쑤였습니다.

내 인생 최초로 왕따를 당했던 순간이었습니다.

밤새 교과서에 한글로 불어 읽는 발음을 적고, 잘 외우지도 못하면서 무조건 외웠습니다. 잘 외워지지 않아서 잠도 안자고 반사적으로 나올 만큼 외웠습니다.

아침에 세수를 하는데 붉은 코피가 흘렀습니다. 난생처음 공부를 하다가 코피까지 흘리다니~~.

하루하루가 치열하였습니다. 사실 지금 당장이라도 포기하고 싶은 생각은 있었으나, 결코 지고 싶지 않은 열망이 높았습니다. 클래스에서의 따갑 던 시선과 알아들을 수 없던 수군거림은 지금도 기억에서 지우고 싶은 식은땀 나게 하는 상황이기도 합니다.

어느날 늘 혼자인 제에게 말을 걸어온 마사코. 영어와 불어로 단어를 조합하여 자신을 소개하였습니다. 불어에 반해 프랑스에 공부하러 온 일본 친구. 같은 동양인으로 제가 참 안타까웠 던 모양입니다. 그렇게 일본인 친구들과 어울리며 저는 일상적인 불어가 가능해졌으며, 초급반을 패스하고 고급반으로 진급할 수 있었습니다.

그때 저는 무엇인가에 간절한 사람에게 선 듯 도움을 줄 수 있는 여유를 배웠습니다. 친구란 그래서 허물이 없나 봅니다.

스타일리스트로 고속질주를 하듯 일들이 몰려 들어왔을 무렵 SBS

'보야르 원정대'라는 프로그램에서 배우 권민중과 함께 촬영을 위해 프랑스로 가게 되었습니다. 그 당시 제가 해외 스케줄을 나가면 한국 스케줄이 꼬이는 상황이었지만, 프랑스라서 뭔가 제에게 선물과도 같은 제안처럼 느껴져서 떠나기로 마음먹었습니다. 참으로 무모한 결정이 아닐 수 없습니다.

프랑스에서 보야르는 잘 알려지지 않은 시골 마을입니다. 보야르의 요새를 탈출하는 프로그램으로 리얼 버라이어티 형식으로 촬영되었습니다. 촬영장엔 출연 연예인 외엔 출입이 불가능하여 동행한 매니저와 스타일리스트는 숙소에 머물거나 주변지 여행을 하는 휴양의 조건이었습니다.

프랑스의 공기는 미색의 컬러를 띄며 바쁘게 살아온 나의 일상에 공기청정기 같은 신선함을 안겨줬습니다. 보야르의 요새는 촬영하는 시간이 정해져 있다 보니 새벽에 출발하는 팀을 보내고 나면 동네의 작은 호텔에 딸린 카페테리아는 늘 한가했습니다. 갓 구운 크루아상과 스팀 밀크가 듬뿍 들어간 카페오레 한 잔의 여유는 꿈만 같은 현실이었습니다.

커피 한잔 마시며 입술에 묻은 거품의 맛을 느끼고 있었는데, 호텔 데스크에 어떤 남자분이 주머니를 뒤적거리며 당황해하고 있는 것이 보였습니다.

그 당시 프랑스는 영어를 전혀 사용하지 않았던 시절이 있었습니다. 아무리 영어로 물어봐도 불어로 대답해 주는 그 시절이었습니다. 깡마른 체구의 깐깐함이 몸에 밴 영어 발음이 나름 버터 바른 듯 자연스러운 인텔리전트 한 남자분 이었습니다.

'J'ai perdu ma cle (키를 잃어버렸어요)'

도와주려고 도와준 것은 아니었습니다. 낯익은 불어에 이끌려서 대신 대답을 해주었을 뿐입니다. 호텔리어는 키를 복사해 주었고, 당황하신 그 남자분과 눈인사를 하고 키를 받아서 드렸습니다.

당황하게 되면 사람들은 백지 상태가 됩니다. 그런 사람에게 먼저 다가가 말을 걸어주는 스타일은 상대방으로부터 나에 대한 경계를 무장 해제하는 능력을 발휘하게 됩니다.

작가한테 연락이 왔습니다. SBS '쉘위댄스' 프로그램 의상을 같이 하자는 제안이었습니다. 미팅을 가서 알게 되었습니다. 보야르에서 버터 바른 듯 영어를 구사하시던 그 인텔리전트 한 그 남자분이 피디님 이었습니다.

그 후로 SBS 'Seoul Drama Awords', '독일 월드컵 전야제', '한국 PD 대상', '김정은의 초콜릿' 등의 프로그램을 함께하였습니다.

그리고 저의 역사적인 우주복 제작의 꿈을 이룬 SBS '한국 우주인 선발대회'를 진행하게 되었습니다. 한국 최초 우주인 이소연의 탄생까지, 의상을 제작하면서 저도 모를 애국심에 불타오르기도 하였고, 국가적 행사에 같이 참여할 수 있어서 감흥이 남달랐던 순간이었습니다.

강렬한 저의 첫인상은 피니님에게도 기억에 남는 스타일이었던 보양입니다. 프랑스 보야르에서 만난 불어를 구사하는 스타일리스트에게 구차하게 이력을 물어보지도 않습니다. 본인의 기억 속에 강하게 남았던 나의 스타일로 프리패스 하였나 봅니다.

프로그램 코디는 방송국에서 진행을 하다 보니 페이가 그리 높지 않습니다. 그래서 별 기대는 하지 않았으나 저에게는 두배가 넘는 높은 스타일링 비용을 책정해 주었으며, 의상제작비 또한 한계 없이 오픈하여 주었습니다. 프로그램의 퀄리티는 높아졌고, 프로그램이 나간 후 타 방송사에서 섭외가 들어오기도 하였습니다.

당신의 강렬한 첫인상의 스타일을 만들어보세요. 당신은 섭외 0순위입니다.

정장 입고 현장 가는 스타일리스트,
강의 중이었습니다만

영화 악녀로 칸 영화제에 참석한 카리스마 배우 김서형의 걸크러시 패션은 단연 화제가 되었습니다. 드레스가 아닌 블루 팬츠 슈트에 화이트 크롭 탑을 매칭하고 필라테스로 선명한 복근을 패션으로 소화해 냈습니다.

시상식의 고정관념의 틀을 완전히 깬 스타일이었습니다.

시상식은 보통 명품 드레스의 향연과 아름다운 보디라인의 노출이 화제가 되기도 합니다. 특히나 여배우 착장 드레스 브랜드에 대한 보도와 베스트 드레서 워스트 드레서를 나름 선정하기도 합니다.

김서형의 컬크러시 패션은 여성성에 의존하지 않으면서 활동하기도 편하고 당당하며 카리스마까지 표현해 주는 스타일의 시상식 룩은 파격에 가까웠습니다.

보통 이미지 메이킹 강의에서는 TPO에 맞춘 룩을 스타일하는 것을 사회적 예의라고 합니다. 보통 오피스룩은 회사 출근을 위해서, 캐주얼 룩은 주말을 위한 라이프 스타일이라고 합니다. 결혼식이나 장례식장에는 보통 정장 룩을 많이 선호하며, 직종에 따라서 프리랜서와 직장인으로 룩이 분류됩니다.

그러나 세상은 변하였고, 직장인보다는 프리랜서 직종의 분포가 높아지면서 욜로족의 강세로 슬세권이라고 해서 '슬리퍼로 생활이 가능한 세력권'의 룩까지 새롭게 변화하고 있습니다. 나의 신분을 나타내주던 룩킹이 이제는 크게 의미를 부여하는 시대가 아닌 것입니다.

내가 그 분야에서 실력만 있다면 나의 스타일은 타인에 구해 받지 않는 자유로운 스타일로 인정받는 시대인 것입니다.

유학을 마치고 귀국할 때쯤 한국은 프랑스 메이크업 열풍이 일고 있었습니다. 너도나도 메이크업 아티스트가 되겠다며 고액의 학원비를 내고 메이크업 학원으로 몰리던 그때였습니다.

프랑스에서 유학을 하였고, 흥행에 그리 성공하지는 않았지만, 상업 영화를 한편 했고, 현재 드라마의 스타일리스트로 활동 중인 저는 프리미엄 학원 강사에 속하게 되었습니다.

학생들이 많은 주 중 저녁반을 담당하며 강의를 시작하였습니다. 학원강사의 특징은 너무 어려 보이면 안 되고, 강의를 위해서는 캐쥬얼보다는 정장을 선호하였습니다. 선생님의 포스를 살리기 위한 룩을 착용하여야 하였습니다.

26살 나이를 커버하기 위한 진한 와인과 그레이 그라데이션 아이섀도와 얼굴의 이목구비를 정확히 구분하는 쉐딩, 압도적인 와인빛 립스틱을 바르고, 헤어 집게핀을 이용하여 업스타일을 하였습니다. 진한 화장과 단정해진 헤어스타일 그리고 화이트 셔츠에 H 라인 스커트를 받쳐 입은 저는 누가 봐도 성숙한 선생님의 포스가 풍겨 났습니다.

그러나 드라마 촬영은 정해진 시간이 따로 없습니다. 촬영 장소에 따라서 촬영 스케줄이 나오기 때문에 차가 없던 저는 별도의 촬영장을 가기 위한 옷을 준비할 수 있는 상황이 아니었습니다.

보통 현장에서 스타일리스트는 배우의 스태프로서 후드티에 청바지 차림이나 활동하기 좋은 의상들을 입곤 합니다. 당연히 촬영현장이니깐 캐쥬얼 차림과 노 메이크업에 질끈 묶은 머리가 대부분이었습니다. 멀리서 봐도 연기자와 스태프는 확연히 구분이 되었습니다.

강의가 끝나고 저녁 세트 촬영이 잡혔습니다. 그때 나는 탤런트 임호의 스타일링을 맡고 있었고, 일일 저녁 드라마 남자주인공이었습니다. 촬영시간은 촉박하고 강의를 마치고 바로 가야 하는 상황이었습니다. 나는 정장을 입은 채로 촬영장으로 이동하였습니다.

세트 촬영이 있는 날엔 보통 드라마의 주인공 스타일리스트 실장이 다 모이는 유일한 시간이기도 합니다. 스타일리스트 실장들은 서로 경쟁자이기 전에 협찬과 촬영에 대한 정보를 공유하기도 합니다.

대기실 밖 공용 소파는 매니저와 스타일리스트의 만남의 장소입니다. 스태프는 누구나 와서 같이 수다도 떨고, 그날의 촬영 스케줄을 공유하며, 촬영분량을 체크하는 공간이기도 합니다.

스타일리스트 실장들이 둘러앉았습니다. 바쁜 오늘을 대변해 주듯이 한결같이 푸석푸석한 얼굴에 찌든 복장을 하고 있었습니다. 그러나 눈빛만은 초롱초롱하였습니다. 그 중심에 풀 메이크업의 정장차림에 내가 있었습니다.

촬영을 위해 FD가 연기자를 스탠바이 시키는데 유독 저한테만 존댓말을 쓰고 있는 것이 아닙니까? 처음엔 내가 어렵나? 안 친해서 그런가? 친해야 일이 더 편할텐데 내가 무슨 잘못을 했나? 하는 의혹이 들기도 하였습니다.

그리고 촬영을 하다 보면 의상연결로 FD와 논쟁을 해야 하는 일이 번번이 발생하는데 이상하게도 대부분 제가 유리한 쪽으로 맞춰주고 있는 것이었습니다. 촬영 현장의 스태프도 다른 스타일리스트 실장한 테는 지나칠 정도의 장난들을 많이 치는데 유독 저한테만은 예의를 차렸습니다.

촬영장에서 배우와 대화를 할 때도 존댓말을 사용하였습니다. 그 이유는 처음부터 반말을 쓰게 되면 혹시라도 일하다가 서로 화가 날 때 막말을 할 수 있으니 처음부터 서로 존댓말을 쓰기로 하였습니다. 그러나 스태프들 눈에는 연기자와 스타일리스트가 서로 존댓말로 작업하는 모습은 참 생소하였으며 흔한 광경이 아니었습니다.

지금은 스타일리시한 스타일리스트 전성시대입니다. 연기자 못지 않은 패션 포스로 스포트라이트를 받습니다. 심지어 현장에 오는 연기자보다 더 패셔너블한 스타일리스트가 많습니다.

그 시대 저는 정장 입고 현장 가는 스타일리스트였습니다. 강의를 겸직하다 보니 사람들의 시선엔 예의를 갖춘 스타일로 비추었던 것 같습니다. TPO에는 맞지 않았던 나의 유니크한 스타일에 사람들은 오해를 했습니다. 마치 준비 된 스타일리스트로 보였던 모양입니다.

스타일이 중요한 시대를 살아가면서 나만의 스타일을 갖는 것은 중요한 일입니다. 당신의 스타일에 당신을 대하는 태도가 달라집니다. 대우받을 권리는 당신의 스타일이 좌우합니다.

정장 입고 현장 가는 스타일리스트, 준비된 모습으로 대우받는 스타일리스트로 거듭났습니다. 그러나 저는 강의 중이었습니다만.

출처:영화사 홍

이에는 이, 눈에는 눈 함무라비 법전 시대는 갔습니다. 이에는 미백 치약, 눈에는 선글라스를 안겨줘야 이길 수 있는 세상인 것입니다. 왜냐하면, 그 위치까지 오르기까지는 어마 무시한 실력이 받쳐줬기 때문이고 또한 그 싹수를 받쳐줄 직위가 있기 때문입니다.

Chapter 5

드루와 드루와
다 알려줌,
성공하는 스타일 스킬!!

셀프 스타일링
나와 대화하기

    스타일링 의뢰가 들어오면, 나는 보통 그 연기자와 2~3시간 정도 그 사람의 소소한 이야기를 경청합니다. 스타일이란 만드는 것이 아니라 그 사람만이 가지고 있는 고유성에서 출발합니다. 아무리 트렌드와 신상품들로 스타일을 만들어봤자 스타일링은 실패로 끝납니다. 어색하기 때문입니다.

    연기자의 스타일링에서 가장 중요한 것은 캐릭터를 잡는 것인데 여기에 혼신의 연기를 할 수 있도록 스타일링으로 도움을 줘야 합니다. 어색하거나 연기에 방해가 되는 과도한 스타일링은 연기의 몰입에 방해가 되기도 합니다. 적당한 스타일링이 필요한데 연기자가 가지고 있는 고유한 스타일을 가미하면 좋습니다.

    가끔 '나도 스타일리스트가 있었으면 좋겠다'라고 생각하는 분들도 있습니다. 방송이나 행사 때 연예인의 스타일링을 보면서 한번쯤 꿈꿔보기도 합니다.

    나를 가장 잘 아는 사람은 바로 나입니다. 나 스스로와 소소한 대화를 나눠보세요. 나만의 고유성을 찾아보고 나다운 스타일링에 도전해

보세요.

완벽히게 나를 스타일링 하고 싶으면, 셀프 스타일링에 도전해보세요.

나의 어린 시절 사진들을 펼쳐봅니다. 보통은 엄마의 손길이 느껴지는 옷들을 입고 있을 것입니다. 우리는 은연중에 엄마의 영향을 많이 받습니다.

그럼 엄마의 스타일도 한번 점검해보겠습니다. 엄마의 삶이 반영된 옷차림을 살펴보세요. 유독 손뜨개를 좋아하신 엄마라면 나도 빈티지 의상에 익숙할 것입니다. 사회생활을 하여 블라우스와 카디건을 선호하는 엄마라면 나는 오피스룩에 익숙할 것입니다. 익숙하다는 것은 잘 어울린다는 뜻과도 같습니다.

그 다음으로 나의 옷장을 열어보겠습니다.

청바지와 맨투맨 티셔츠, 트레이닝복 스타일이 많다면 나는 캐주얼 룩에 익숙한 것이고, 재킷과 슬랙스가 많다면 세미 캐주얼 룩이 어색함이 없을 것입니다.

여기에서 옷장 안을 가득 채운 컬러를 체크해 보세요.

컬러는 그 사람의 성향을 알려줍니다. 블랙과 모노톤의 컬러가 많은 사람은 자신만의 스타일을 추구하고 무리에서 이탈하지 않으려는 성향을 가지고 있으며, 포인트 컬러로 엘로우나 블루 등의 컬러 베레이션이 강한 의상이 많다면 어디에서나 자신의 매력을 발산하고 싶어 하는 성향을 가진 사람이 많습니다.

다음은 스타일링의 포인트 액세서리를 점검해 보겠습니다.

'미운 오리 새끼' 프로그램에서 부채의 늪에서 빠져나온 찐패셔니스타 궁상민의 집에는 전시용과 착용 가능한 운동화 장이 있습니다. 그만큼 의상의 포인트를 줄 수 있는 스타일링의 인싸템은 액세서리인 것 입니다.

박시한 화이트 셔츠 안에 블랙 터틀넥 그리고 블랙의 와이트 팬츠착이 패션 피플 사이에서 핫 아이템으로 떠오르면서 너도나도 스타일링에 도전합니다.

여기서 스타일링의 차별화는 액세서리입니다. 심플 블랙 터틀넥 위로 빈티지 펜던트 네크라인 하나 착용해 주고 블랙 와이드 팬츠의 포인트로 가는 블랙 벨트와 컬러가 들어간 어글리 슈즈 트리플 S를 착용해 준다면, 트렌드와 핫 인사템의 스타일링을 완성할 수 있습니다.

과하지 않은 스타일링 팁으로는 기존의 스타일링을 재해석하는 방법입니다. 정장의 무거움을 캐주얼 아이템으로 좀 다가가기 쉬운 스타일링으로 재탄생 해보세요. 트렌드가 없는 것이 트렌드인 지금, 당신은 심플하고 무심한 듯 착용한 액세서리 하나로 핫 인싸로 등극할 수 있습니다.

옷장 스캔이 끝나면 보충해야 할 아이템에 대해서 쇼핑 리스트를 작성해보세요.

유행하는 아이템은 SPA 브랜드부터 도전해봅니다. 나의 인생템으로 남을 것 같은 고가 브랜드 액세서리는 하나 정도는 신중하게 구매해보는 것도 좋습니다.

스타일링은 기본 베이식 아이템에 트렌드 컬러나 아이템 하나 정도 매치해보고 나의 시그니처 아이템 하나 정도 장착하면 완성입니다.

쇼핑할 때의 팁으로는 구입 할 아이템 리서치가 필수입니다. 신상품의 경우 제일 먼저 노출되는 곳이 매거진입니다. 스마트폰으로 SNS에 실시간 올라오는 화보의 트렌드 한 아이템을 사전에 리서치 하는 겁니다. 컬러와 아이템 선정 후에는 트렌드와 가성비 최고의 SPA 브랜드에서 아이템 찾기를 해보세요. 지갑은 가볍게 트렌드 아이템 경험하기엔 SPA 브랜드가 딱 입니다. 그러나 자신이 없다면 브랜드에서 찾아보는 것도 하나의 방법입니다.

베이직에 익숙한 당신이라면 브랜드보다는 신진 디자이너 숍에서 패션 포인트를 줄 수 있는 아이템을 찾아보는 것도 추천합니다. 과하지 않게 변형된 스타일은 스타일링에 재미를 줄 것이며, 규격화된 브랜드에서 찾을 수 없는 패션의 자유로움을 만나 실 수 있습니다.

액세서리는 처음부터 고가의 상품보다는 저가의 포인트 위주로 쇼핑을 하는 것을 추천합니다. 액세서리에 익숙하지 않기 때문에 그 활용도가 높지 않을 수 있습니다.

쇼핑을 마치고 셀프스타일링에서 처음 만나는 나의 다른 모습은 참신할 수도 있지만, 또 충격적일 수도 있습니다. 이때 경험한 나의 스타일링에서 처음 만나는 아이템은 스타일링 부조화로 옷장 속에 처박힐 수 있으니 주의를 요합니다.

이제 셀프 스타일링이 준비가 되었다면 미친 실행력으로 시작해보세요.

일주일 동안의 의상 플랜을 만들어보고, 의상을 펼쳐서 사전 스타일링에 도전해보세요. 변신이 아닌 나를 찾아가는 셀프 스타일링과 대화를 시도해 보세요.

나의 캐릭터에 꼭 맞는 나를 만나게 될 것이고 여기에 자신감의 에티튜드는 나의 패션을 완성합니다.

오늘부터 나의 스타일리스트를 고용해보세요. 셀프스타일링으로 오늘부터 나도 패션피플의 대열에 올라설 준비 되셨습니까?

셀프 스타일링
내 옷장의 문을 열어봐

나의 아침은 화장대에서 시작합니다. 메이크업으로 무한변신이 되는 스타일과 변신 없는 쌩얼이 더 나은 스타일로 나뉘는데 나는 전자입니다. 아이라인에 자신감을 부여하고 브러셔로 생기를 빵빵 넣어줍니다. 립 라인을 선명하게 나의 영향력을 얼굴에 입힙니다.

나는 오늘 세상의 전쟁터로 나갈 준비의 첫 단계를 완성하였습니다.

옷장의 문을 엽니다. 희로애락을 표현해 줄 수 있는 옷들이 빼곡히 걸려있습니다. 물론 어제 저녁 기분이 완전히 넉다운 되어서 마구 구겨져 처박혀 있는 옷가지, 다시 펴 봐도 재생 불능, 드라이를 맡기지 않는 이상 다시 입기는 힘들 것 같습니다.

나에게 질문을 해봅니다.

'오늘 나는 어떤 마음으로 집을 나설 것인가? 오늘 내가 만나야 할 사람은 누구인가?' 올 셋업 스타일링을 할 것인지, 가벼운 스타일을 즐길 것 인지가 결정 나는 첫 번째 단계입니다.

셀프 스타일링 두 번째 단계, 옷장과의 전쟁입니다.

전체적인 스타일링의 골격인 아우터를 정합니다. 강해 보여야 할 때는 재킷이나 각진 아이템 선정, 사랑하고 싶을 때는 물이 흐르듯 라인을 따라 흘러내리는 로브, 슬플 때는 모노톤의 단정한 재킷, 몸이 아플 때는 화사한 파스텔톤의 아우터, 기분이 좋을 때는 내가 가장 손이 많이 가는 아우터로 정합니다.

세부적으로 의상의 컬러매칭이나 룩을 만들기 위한 이너웨어입니다. 아우터가 정해 졌다면 소재와 컬러에 맞춘 유색스타일링으로 온화함과 부드러움을 표현 해줄 수 있고, 보색스타일링은 강한 인상과 개성을 표현할 때 매칭하면 좋습니다.

이제 스타일링의 포인트를 찾아봅니다.

하의가 튼실할 때는 상의에 집중시켜 주기 위한 눈에 띄는 네크리스나 쁘띠 스카프를 매칭 해 봅니다. 쁘띠 스카프가 부담스럽다면 헤어 액세서리나 가방 액세서리로 활용해도 상의 쪽에 시선이 자연스럽게 집중 됩니다.

상의 통통 스타일은 최대한 상의를 미니멀하게 스타일링하고 하의에 포인트로 패턴이 들어간 스커트나 허리벨트, 니삭스, 신발에 포인트를 주면 좋습니다. 시선을 아래로 집중 시킬 수 있도록 컬러감이 있고 소프트한 것보다는 하드 한 소재감을 살려서 포인트를 주면 날씬해 보이는 효과가 있습니다.

나의 옷장에는 나의 마음의 스타일이 빼곡히 걸려있습니다. 오늘은 나의 마음은 어떤 스타일일까요?

계절이 바뀌면 가장 마음을 허전하게 만드는 것이 옷장입니다. 다들 경험해 보셨을 거예요. 분명히 작년에 유행하는 신상을 안 산 것도 아니고 옷을 안 입고 다닌 것도 아닌데 올해 옷장을 열어보면 입을 옷이 하나도 없습니다. 입고 나갈 옷이 없다고 생각하는 순간 외출하고 싶은 마음마저 없어집니다.

계절이 바뀌면 나의 컨디션과 퍼스널컬러, 그리고 신체적인 모든 조건이 바뀝니다. 살도 찔 수도 있고 다이어트로 날씬해질 수도 있고 신체의 변화로 피부 톤이 거칠하게 변하여 어두워졌을 수도 있고, 환하게 밝아질 수 도 있습니다. 또한, 염색과 펌으로 모질과 컬러의 변화에 따라서 나의 전반적인 컨디션이 바뀝니다. 그리고 나이도 한 살 더 먹지 않았습니까?

여기에 가장 큰 이슈는 패션 트렌드가 급변한다는 것입니다. 분명히 작년에 반바지가 유행해서 날씬해 보일 거라고 허벅지 라인 꽉 낀 스타일을 그렇게 잘 입고 다녔는데, 올해엔 분명히 반바지인데 통이 큰 버뮤다팬츠가 유행합니다. 작년에 구입한 반바지가 오늘따라 왠지 촌스러워 보일 수도 있습니다.

옷장의 문을 열면 해마다 반복되는 이 시추에이션은 누구나가 공감할 것입니다. 사람마다 컨디션이 다르듯 옷장 안의 옷을 대하는 태도 또한 다를 것입니다.

명품을 한 개 사서 오래 입을 것인가? 보세를 여러 개 사서 한해 입고 버릴 것인가?

나는 두 가지를 다 추천합니다. 명품의 럭서리함과 보세의 트렌드함을 스타일링 할 때 접목해보세요. 케바케 이겠지만 대부분은 전체적으로 럭서리함을 베이스로 깔고 갈 수 있을 것입니다. 그리고 급변하는 트렌드를 버릴 수는 없으니 단타로 입고 뺄 수 있는 부담감 없는 보세를 구입해 보는 겁니다.

당신의 옷장 안에 당신의 희로애락을 잘 정리해서 넣어보세요. 최애 아이템부터 눈에 잘 띄는 첫 번째 걸어두고, 진짜 아껴 입는 옷을 두 번째 걸어줍니다. 일상복으로 꼭 입어야 하는 옷들도 존재할 것입니다. 이것을 세 번째에 걸어보고 마지막으로 결혼식과 상갓집을 방문할 때 입어야 하는 격식 복장을 정리해 줍니다.

옷장의 옷이 정리되듯 나의 스타일도 정리될 것입니다. 올해 트렌드한 아이템들은 매칭을 위하여 따로 한 칸 마련합니다. 내년이 되면 정리해야 할 아이템들이니 올해 아낌없이 착용할 수 있게 첫 번째 칸과 가까운 곳에 배치해 줍니다.

이제 자신 있게 셀프 스타일링에 도전해보세요. 나의 옷장의 문을 열고 오늘을 향해 돌진할 수 있는 스타일링에 도전해 보세요. 스타일은 나를 대변해 줍니다. 나의 현재 기분의 온도변화를 알려주는 온도계와도 같습니다. 때로는 인간미 넘치는 따뜻한 온도로 때로는 결단력 있게 차가운 온도를 표시해 주는 것이 스타일입니다.

　오늘이라는 전쟁터로 나가기 전에 나의 옷장의 문을 열어보세요. 나의 오늘이 옷장 안에서 오늘 나의 스타일을 알려줄 것입니다.

패션만 스타일이냐,
나의 라이프 스타일대로 살기

신인류가 몰려오고 있습니다. 혼 족, 딩크족, 액티브 시니어.

따뜻한 가족을 위한 삶은 이제 타임머신을 타고 과거로 사라져 가고 있습니다. 이제 낯설지 않은 혼 족의 라이프 스타일이 세상의 중심으로 변화고 있습니다.

우리나라 2대 명절인 추석과 설날은 인구 대이동이 이뤄지고 그간에 못 봤던 가족을 만나기 위해서 10시간이고 12시간이고 줄을 서서 지방으로 이동했었습니다.

그러나 딩크족의 역귀성이 일어나면서 사회적인 이슈로 떠오르는가 했더니 이제는 액티브 시니어들의 독립적 라이프 스타일의 변화로 사실상 가족의 의미는 휴대전화 사친첩에서 나 찾아볼 수 있는 사소함으로 전락했습니다.

이제 혼 족의 시대입니다. 나 혼자 여행을 다니고 나 혼자 밥을 먹으며 셀카를 찍습니다. 친구나 주변인들은 그저 나의 주변 인물로 중요 인물이 아닙니다. 그러다 보니 혼 족을 위한 라이프스타일의 생태계 변화가 이루어지고 있습니다.

혼 족의 명절때 편의점 음식 사 먹던 시대는 갔습니다. 혼 족의 등장은 집 밥과 요리의 관심이 높아지면서 직접 나를 위한 요리를 하고 나를 위한 플레이팅을 멋지게 하기도 합니다. 누군가를 위한 요리가 아니라 나의 건강과 나의 체질에 맞춘 나에게 맞는 요리를 합니다. 요리학원이 아니라 유튜브의 백선생요리를 보면서 나를 위한 대한민국 1등 요리사가 탄생합니다. 소통의 플렛폼 SNS에서는 지극히 사적인 이슈가 지금의 나의 라이프 스타일의 중심에 있습니다.

2002년 한국 월드컵의 열기가 가득했던 서울의 신림동, 지방에서 서울로 올라와 처음 영화 분장을 시작한 C양은 어쩔 수 없이 혼자 방을 구하게 됩니다. 불규칙한 스케줄과 가족과 떨어져 생활하다보니 혼자 밥 먹을 일들이 많아집니다. 혼자 식당에 갈 용기가 없어서 간단한 재료로 밥을 해결하고 벽보며 먹는 것에 대한 우울감을 토로하기도 합니다. 빨리 시집가서 가족을 만드는 게 그녀의 꿈이었습니다. 혼자 있는 것에 대한 외로움으로 자주 집에 내려가 보기도 하고 주변에 친구를 애타게 찾아서 만나기도 합니다. 그녀의 라이프 스타일은 외롭고 고독한 독거 청춘의 단면을 보여주고 있습니다.

2020년 조국 전 장관의 부인 전경심 교수와 그의 딸의 특혜 논란으로 언론은 시끌시끌하였지만, 남의 일에는 관심이 일도 없는 패션학과 졸업예정자인 B군은 첫 사회생활의 시작인 취업에는 관심이 없습니다. B군은 자신이 좋아하는 브랜드의 옷을 사기 위해 클럽에서 아르바이트를 하고 패션에는 관심이 많으니 패션 학과를 왔을 뿐이고, 졸업하니 영원한 패션 피플 인플루언서로서 SNS 라이프 스타일을 즐기고 있습니다.

피부 관리는 기본이고 핫 인싸 인증의 헤어 커트와 컬러는 매주 업그레이드 영상을 올려야하고, 핫 플레이스에서의 설정 컷은 서비스입니다. 혼 족의 신박한 미니 가전과 플레이팅을 위한 핫 인싸템 구매는 필수이며, 요리하는 섹시한 남자로 이국적인 스페인 요리까지 못 하는 것이 없습니다. 여행하면서 힐링을 하는 것이 아니라 SNS 팔로워와의 소통을 위한 여행 룩에서부터 현지 맛집 그리고 럭셔리 리조트에서의 브이로그가 그에게는 가장 중요한 일이 되었습니다.

친구들과의 약속보다는 팔로워와의 라이브 생방송이 더 중요한 Z세대가 나타난 것입니다. 디지털 네이티브 세대로 SNS를 공유하며 만족감을 얻고, 오로지 자신에게만 관심을 갖는 특징이 있습니다. 그는 Z세대 럭셔리 라이프 스타일을 공유하며, 혼 족의 행복함과 자유를 누리며 오로지 나만을 위해서 사는 B군, 요즘세대의 평균입니다.

독고 청년의 시대는 갔습니다. 인스타그래머블 제품으로 요리하는 SNS 인플루언서 혼 족의 워라밸 라이프의 시대가 도래하였습니다.

패션피플로, 패셔니스타로 셀럽보다도 더 많은 영향력을 가진 인플루언서의 등장은 패션 스타일뿐만 아니라 라이프 스타일, 가치관, 삶의 방향성의 스타일의 변화를 가져왔습니다.

조직과 가족 중심에서 개인으로 옮겨가고 있으며, 우리보다는 나를 중심으로 라이프 스타일이 변화하고 있습니다. 그러면서 삶을 대하는 태도와 나의 일상이 스타일리시하게 SNS 플렛폼에서 커뮤니케이션이 이루어집니다. 세상은 변화하였습니다. 나의 일상을 공감하는 사람들과 관계를 형성하게 되고, 불필요한 인간관계를 하지 않아도 되는 세상이 온 것입니다.

내 삶에 그림을 그려보세요. 나에게 나만의 결을 살리는 스타일을 만들어보세요. 노력해야 합니다. 개성이 있어야 팔로워가 몰려옵니다.

회사에 가지 않고도 자기 스타일대로 돈을 벌고 즐기는 시대가 왔습니다. 직급도, 서열도, 계급장 다 떼고 나의 스타일로 나만의 직업을 창출합니다. 잘 놀고, 잘 쓰고, 스타일리시 각으로 대중에게 나를 인식시키는 시대입니다. 얼마나 좋은 세상인가요? 미래에 대한 고민보다는 지금 현재 나의 개성 있는 삶의 모습을 소통하는 것이 스타일입니다.

나의 스타일을 가져보세요. 나만의 삶의 방식을 보여주세요.

규격에 맞춘 정직함보다는 좀 더 나를 행복하게 만드는 나의 스타일을 만들어보세요. 주변의 변화에 나도 슬그머니 안착하여 스타일 있는 나의 삶을 계획할 수 있습니다.

세상은 SNS로 공유하고 소통합니다. 스타일리시하게 나만의 개성 있는 라이프 스타일로 나의 시그니처를 보여주세요.

세상의 성공은 남이 판단해 주는 것이 아닙니다.

혼 족으로 갈아타신 당신이라면, 가족과 같이 있을 때 느끼는 따뜻한 행복을 느끼고 싶다면, 나의 스타일로 일상의 행복을 팔로워와 소통하고 있다면, 당신의 스타일은 성공한 인생의 만족감을 안겨 줄 것입니다.

조직 문화 속에 홀로 핀 당신의 스타일,
엘리베이터 승진 예약입니다

"진짜 내가 사람을 못 알아봤나 했다니깐 어찌나 반갑게 인사를 하는지."

저의 첫인상에 대한 사람들의 평가는 이렇게 시작되었습니다.

저는 20대 초반 실력도 없는데, 운 좋게도 H그룹의 공채 출신으로 H상선이라는 회사에 딱 붙었습니다. 그때 대기업의 여사원들은 직급에 상관없이 유니폼을 입었고, 유니폼을 착용한 저의 근자감 텐션은 한참 우주 상공을 향해 발사되고 있었습니다.

왜냐면 저는 당당히 대기업에 입사를 했으니까요.

유니폼은 모든 사람들을 평균으로 만드는 마법을 가지고 있습니다. 유별나게 미인이 아니고서는 뒷모습이나 앞모습을 봐도 그 사람이 그 사람 같고, 특별히 애정을 하지 않는 이상 사람 구별하기 참 쉽지 않습니다. 특히나 신입사원 같은 경우는 더욱이 구별이 어렵습니다.

첫 출근 날 텐션이 하늘을 찌르던 그날, 저는 유니폼으로 갈아입고 총무부에 가기 위해 5층에서 엘리베이터에 탑승하였습니다. 엘리베이터 안은 동방예의지국 한국의 미덕인 '피곤한 아침엔 서로 모른척해주기'로 냉기가 쫙 흐르고, 규격에 맞춘 듯 지루한 정장 차림의 남자직원과 나름 멋을 낸 어색한 사복을 입은 여직원 선배님들이 새초롬하게 타고 있었습니다. 엘리베이터 문이 열리고, 저는 세상 다 얻은 양 함박웃음을 지으며, 세상 반갑게 나의 특유의 하이톤으로 '안녕하세요!'

저의 첫 사회생활 저의 첫인상은 모두에게 경악을 금치 못하는 충격을 주었고, 유니폼을 입은 그날부로 저는 회사에서 유명 인사가 되었습니다.

역시 H그룹은 대기업이라 신입사원에게 행사가 많았습니다. 신입사원 연수를 시작해서 그룹 야유회, 체육대회, 일일 찻집 등 3개월에 한 번씩 잊을만하면 신입사원들은 행사준비로 바빠지기 시작했습니다.

저는 언제나 차출 되었습니다. 왜냐고요? 아무도 회사 역사상 저 같은 하이 텐션 빵빵 여사원은 없다고 결론이 나서인 것 같기도 하고, 아무튼 일착으로 차출이 되는 바람에 회사에서 일한 기억은 잘 기억이 나지 않습니다.

응원 구호를 만들고 응원 도구를 만들고, 심지어는 치어 리딩을 배우러 연습실도 다니고, 일일 찻집을 위한 로고부터 모자, 앞치마 디자인에 제품 맞추러 다니고, 하루하루가 즐거움의 연속이었습니다. '돈도 벌고 재미있게 회사 다니기'의 진수라고 할 수 있겠습니다. 그와 반면 저의 입사 동기는 뛰어난 실력만큼 편안하게 각 부서에 안착하였으며, 열일 업무에 열중하고 있었습니다.

종무식, 그날도 어김없이 총무부장님은 저를 찾으셨고, 유독 맨 앞 줄로 차출이 되었습니다. H그룹 간에 승진 이동도 있고 부서 이동도 있는 날이라 다들 긴장감이 돌던 날이었습니다. 회장님의 연설이 시작 되었고, 나의 스타일이 어디 가겠는가? 다들 눈 피하기 바쁘고 멍 때리 기 바쁠 때 시종일관 함박 미소로 응시하고 있었습니다. 그놈의 과한 리액션은 덤으로다가 말입니다.

대기업이다 보니 여직원이 파워가 있던 시절, 여직원 회장님의 호출 이 있었습니다.

유니폼이라는 것은 사실 맞춤복이 아니다 보니깐 체형에 잘 맞지 않는 경우가 많습니다. 보통은 그냥 착용하겠지만, 제가 누구인가요? 스타일 있는 그녀~~제 체형에 맞춰 세탁소에서 쫙 줄여 착용하였습 니다. 라인 쫙 살려서~~

용돈이 아닌 월급은 저에게 신세계를 안겨주었습니다. 와이드 니트 팬츠에 롱 카디건 허리엔 라탄 꼬임의 벨트를 착용하고, 유행하는 숄 더백 하나 들어주고, 플라워 프린트 화려한 원피스와 베레모까지, 아 무튼 월급이라는 것은 저에게 '빠숀'을 외치고 다닐 수 있는 자긍심을 심어줬습니다. 그때 저의 패션은 90년대 명동의 패션스타일의 메카 명 동의류의 질보다는 양으로 승부 거는 싸구려 옷들로 스타일 했던 시대 였습니다.

"누가 유니폼 줄여 입으라고 했어? 집에 돈 많아? 무슨 옷을 그렇게 매일 사 입어? 회사에 패션쇼 하러 다니니?"

나의 스타일은 늘 맑음은 아니었습니다. 경고를 받기도 하는 날도 있었습니다. 그러나, 맑음인 날도 많았습니다. 타 부서에서 러브레터가 오는가 하면, 실력으로 입사한 동기를 제치고 말도 안 되게 연말의 승진대상자로 인센티브 보너스로 나오기도 하였습니다.

유학을 결정하면서 2년간의 저의 첫 사회생활은 아름답게 마무리가 되었으며, 유학을 가서도 H상선 파리 지사를 통해 불쌍한 유학생 구호품이 전달되기도 하였습니다. 입국 후에도 백수 같은 저에게 회사는 재입사를 조심히 권유하기도 하였습니다. 저의 첫 사회생활은 끝 인줄 알았으나 끝이 아니었습니다.

미친 존재감 뿜뿜 풍기던 저의 20대 첫 사회생활은 나만의 스타일로 여러 기회가 주어졌으며, 평균의 사람들로부터 인정받게 하였습니다. 학업 성적이 그리 좋지 않아서 겨우 턱걸이로 들어간 대기업이었습니다. 개성 없는 곳에서는 개성 있는 당신의 스타일이 제대로 먹힐 수 있습니다.

대기업의 직장인의 꿈을 가지고 계속 재직을 하였다면 저도 큰 기계의 부속품처럼 매일 반복적이고 안정적인 삶을 유지하였겠지만, 저의 첫인상은 사회라는 규격에 잘 맞춰진 우등생들에겐 분명 사이다로

다가왔을 것입니다. 대리만족으로 응원했을 것이고, 회사에서는 창의적인 인재로 분류가 되었을 것입니다. 나만의 스타일이 있다는 것은 평균의 사회의 기준에서 민폐이겠지만, 지금은 나만의 스타일이 있어야 주목받는 시대이며, 주목받아야 성공할 수 있는 시대입니다. 나만의 스타일이 무엇일까, 오늘 나 자신과 마주하며 진솔한 대화 나누어 보세요.

싹수가 갑인 세상,
예의 있는 나만의 스타일로 들이박기

요즘에는 감각 있고 젊은 감독들이 참 많습니다. 그들은 대부분이 유학파이거나 패션에 대한 더 구체적으로 패션 브랜드에 박식한 사람입니다. 그러다 보니 광고의 콘셉트를 잡고 프레젠테이션을 할 때면 그 이미지와는 상관없이 브랜드를 읊조리는 감독들이 나타나기 시작했습니다. 의상 실장에 대한 선빵의 의미로 편집숍에서나 볼 수 있는 유니크한 브랜드명을 줄줄 내뱉고는 합니다. 어쩜 그리 똑똑하신지?

"몇 주 전에 스컬프에서 엔가 20ss 블랙 워치 재킷을 봤어. 나는 그런 감성으로 의상을 갔으면 좋겠는데 어떠신지?"

따박따박 반말인지, 존댓말인지, 우리말인지, 외계어인지? 우리나라에서 살 수도 없는 브랜드를 이번 주 촬영인데 어떻게 비행기 타고 후딱 날아갔다 사 올 수도 없고.

'이게 말이야, 똥방구야'.

감독은 일부러 기선제압, 현장에서 꼼짝 마라 전법, 광고주에게 현장에서 문제가 발생했을 때 책임 전가의 전법으로 활용되고는 합니다. 첫 미팅에서 좋은 감독과 싹수가 노란 감독이 구분되는 순간입니다.

감독 사용법 하나, 웃으면서 그가 하는 말을 다 들어 주는 것이 포인트. 기분 상해 들이받아 봤자, 기만 센 의상 실장으로 찍혀 준비 기간 내내 그 싹수의 어마어마한 기로 나는 만신창이가 될 수 있는 역효과가 밀려올 수 있으므로 조심.

"벌써 엔가 20ss를 보셨어요? 역시 감독님은 너무 감각적이시다. 그럼요, 광고는 명품 빨이 좋아야 럭셔리한 화면이 나오기는 하는데 제품의 메탈릭 한 컬러와 오묘하게 크로스 되는데 이게 좀.... 괜찮겠죠? 그래서 제가 컬러의 콘트라스트를 높여서 이 콘셉트로 가려고 하는데 감도는 어떠세요?"

감독 사용법 둘, 감독이 정신을 못 차리게 알아들을 수 없는 패션 용어를 구사, 1차 기선제압, 제작을 위한 화려한 일러스트를 보여주면서 2차 누르기 한 판.
대부분의 광고 의상은 제작으로 이루어진다. 광고쟁이는 콘셉트 작업에 공을 들이기 때문에 사실상 미팅에서의 주요 내용은 기 싸움 인 것이고 감독 대부분은 싹수 전법을 많이 사용함.
이에는 이, 눈에는 눈 함무라비 법전 시대는 갔습니다. 이에는 미백 치약, 눈에는 선글라스를 안겨줘야 이길 수 있는 세상인 것입니다. 왜냐하면, 그 위치까지 오르기까지는 어마 무시한 실력이 받쳐줬기 때문이고 또한 그 싹수를 받쳐줄 직위가 있기 때문입니다.

감독은 감독님, 스태프는 스태프 나부랭이로 나뉘는데 스태프 나부랭이가 감독님에게 살아남는 기술은 바로 예의 바른 스태프로 기억되기, '감독님 말씀은 곧, 법이다'를 얼굴에 새기며, 내가 하고 싶은 콘셉트 밀고 나가기가 아닐까 싶습니다.

결국, 현장은 그 분야의 능력자가 모여서 축구 경기 하듯 서로 드리블을 주고받아야 합니다. 그래야 어찌 되었든 결과물이 좋습니다.

미운 놈 떡 하나 더 준다고, 촬영이 들어가면 초 절정 극 예민 모드의 싹수 감독의 대처법.

하나, 촬영 당일 밤을 새울 수도 있지만, 최대한 옷을 갖춰 입고 광고주앞에서 감독의 기를 살려줍니다. '나 저렇게 시크한 팀이랑 일한다고~.'

두 번째, 콘티 순서에 맞춰 미리 세팅, 부르기 전에 미리 체크하고 움직입니다. 나란 사람은 일을 위해 현장에 적합하게 태어났다는 것을 보여줍니다.

세 번째, 금강산도 식후경이라고, 커피차 도착과 함께 감독이 멋있어 보이라고 핫 아메와 인싸가 즐긴다는 설탕 풀풀 프레즐을 제일 먼저 감독에게 가져다줍니다.

싹수를 내 편으로 만들기 행동수칙은 그리 어렵지 않습니다. 싹수가 지시해서 하면 기분 상하지만, 내가 먼저 배려하는 차원에서 현장의 평화를 위해서 이 한 몸 바쳐 나의 스타일대로 움직인다면, 싹수가 인정한 진정 한국 최고의 광고 의상 실장이 될 수도 있을 것입니다.

현실은 갈등의 연속입니다. 내 인성에도 스타일링이 필요한 시대입니다. 탑골공원 스타일이 아니라 지금은 살아남기 위해 누구나 싹수가 될 수도 있고, 어느 분야든 정말 일 잘하는 싹수 전성시대이기 때문입니다.

오랜 시간 광고시장에서 일을 해보니, 오히려 싹수 전법으로 접근하는 감독들은 귀엽습니다. 예의 바른 스타일이 참 잘 먹힙니다.

이와 반면 일 못하는 천사 같은 감독님도 간혹 계십니다. 일이라는 것은 스트레스라는 MSG가 어느 정도 작용해야 오기도 생기고, 전투력도 생기는 것 같습니다. 적어도 나의 스타일에는 일 잘하는 싹수와 한판 전투하는 것이 결과물이 좋게 나옵니다. 또 그들과의 신선한 전쟁은 나의 창의력에 불을 붙이고는 합니다.

'네가 이기나 내가 이기나 한번 해보자.'

주변에 싹수 상사로 맘 상해하지 마세요.
싹수에는 예의 바른 스타일이 먹힙니다. 한번 해보세요! 지시하기 전에 먼저 실행 해 보고, 체크 당하기 전에 사전 체킹 하고, 보기 싫을수록 얼굴을 보고 웃어보세요. 그 싹수도 예의 바른 당신 스타일에 넉다운 각입니다.

세상을 자기중심으로 돌아가게 하고 싶으시다고요? 당신의 스타일을 바꾸세요~~ 세상이 바뀝니다.

포기를 모르는 스타일,
"우리 윤정이가~" 무한 반복, 될 때까지 OK!!

스타를 만드는 매니지먼트회사는 다 자신만의 스타일로 매니지먼트를 합니다. 스타를 만들기 위하여 톱스타를 모니터링하고 수단과 방법을 가리지 않고 스타를 만든 스태프를 찾아 포섭하기 위해 자기만의 스타일로 접근합니다.

나는 정말 그 분들은 대단한 사람이라고 인정합니다.

김원희 스타일리스트로 한창 주가를 높이며 한예슬이라는 초특급 신인을 스타일링하는, 우리나라 예쁜 연예인의 고수 스타일리스트로 내가 뽑혔던 시절이 있었습니다. 신인배우를 하려면 김원희 스타일리스트를 잡아야 한다고 매니져들 사이에서 떠돌던 시절, 누구나 그렇듯 물 들어왔을 때 노 저어야 한다고, 한예슬을 같이 스타일링 하던 헤어 원장님이 연락처 하나를 건네 주셨습니다.

"실장님 진짜 얘는 실장님이 해야 해~ 내가 사장님한테 실장님 연락처 줬어~ 일단 한번 만나봐"

우리팀은 그때, 스타일링 하는 연예인이 20명에 달할 정도로 규모가 이미 포화상태라서 진짜 꼭 해야 할 스타가 아니면 만나서 거절을 해야 하는 상황이었습니다. 이쪽 업계가 다 거기서 거기다 보니, 하기 싫다고 그냥 모른 척하거나 싹수없이 전화로 '저 바빠요' 했다가는 순삭 매장 각이라, 우선은 만나서 거절을 해야 하는 라떼는 말이야 시대였습니다.

왜? 매니지먼트 회사가 여의도에 있을까? 이 불길한 예감은 뭘까? 왜 나의 예감은 틀린 적이 없는 걸까? 지금 생각해도 그때의 저의 심정은 '울고 싶어라~ 울고 싶어라~ 이 마음'

매니지먼트사는 KBS 별관 앞에 4층 건물 중 3층에 위치하였으며, 긴 복도 끝에 밖에서도 다 보이는 유리문 안에는 뿌연 연기가 가득 차 있어 안이 잘 보이지는 않았습니다. 영화에서 보듯 뿌연 연기 속을 헤치고 안으로 들어가 보니, 이건 담배 연기요, 벽엔 빤짝이 의상의 트로트 가수 사진들이 떡하니 걸려있었습니다. '이건 분명히 영화 세트장이라고 얘기해줘' 나 스스로 마음속으로 주문을 걸고 있었습니다.

요즘에 보기 힘든 다방에서나 볼 수 있을 것 같은 직각의 고동색의 소파와 낮은 테이블, 검정 슈트의 덩치가 큰 남자들 서넛이 나누어 앉아있었고, 그리고 나를 맞아주시는 영화 '장군에 아들'에서 본 듯한 투버튼의 어깨가 떡 벌어진 이태리 정장 재킷에 버클이 유독 화려한 배바지, 머리는 8:2로 번들번들 기름 바른, 나이가 50대 후반 정도의 포스 넘치는 사장님이 약간의 긴장감 흐르는 웃음으로 나를 맞아주었습니다.

'오 마이 갓!' 순간 여기가 혹시 세트장인가? 몰래카메라인가? 아니면 꿈인가? 생시인가? 여기 혹시 조폭 사무실인가? 들어가야 되나 말아야 되나? 도망갈까? 별의별 생각이 머리를 스쳤습니다.

그건 단지 머릿속의 생각일 뿐, 현실은 사무실 안쪽의 밖이 훤히 다 보이는 유리문으로 된 아주 작은 사장실에서 포스 넘치시는 사장님과 독대를 하고 있었습니다. 도망 갈 구멍이라고는 아무리 찾아도 쥐구멍도 없었습니다.

"선상님 얘기 많이 들었소. 김원희씨 한다문서~~ 우리 윤증이도 김원희씨 못지 않다니까요~~"

걸쭉한 전라도 사투리, 말하는 도중 중간중간 보이는 금니 하며, 조폭의 상징이라는 일수 가방에서 꼬깃꼬깃 뭔가를 꺼내서 보여주는데, 이제 막 데뷔하여 폭발적인 인기의 트로트 신예 장윤정 신문기사였습니다. 얼마나 계속 펼쳐보셨는지 접힌 부분은 다 달아서 하얗게 종이가 올라와 글자도 알아볼 수 없는 상태였습니다.

"사장님, 제가 가수 스타일링은 전문이 아니어서요. 저는 못 할 것 같습니다. 그럼 다음에 뵙는 걸로 하고 ~~."

"아니 우리 윤증이가 진짜로 김원희씨 만큼 큰 사람이 될 수 있다니까요~ 선상님이 쪼게 도와주시면 우리 윤증이도 김원희 씨처럼 될 수 있단께요~"

미치고 팔짝 뛸 노릇입니다. 작정이나 한 듯 똑같은 얘기를 무한 재생, 일수 가방의 장윤정 신문기사를 꺼냈다 넣었다를 무한 반복. 애초에 내 얘기 따윈 전혀 들을 생각이 아예 없어보였고, 할 때까지, 될 때까지 그냥 무조건 무한 반복 할 작정이었던 것 습니다.

이렇게 무한반복의 2시간이 흐르고 나는 드디어 상황판단이 되었습니다. 절대로 저분을 이길 수 없을 뿐 아니라 오케이 안하면 여길 나갈 수도 없다는 것을 말입니다. 저는 깨끗이 포기해야 했습니다. 포기만이 살 길이라고 판단하였습니다.

"그럼 저도 준비를 해야 하니깐 시간을 좀 주시면"
"그냥 낼부터 선상님이 하시는 걸로 하믄 좋을 것 같은디요~"

그렇게 "어머나"로 시작해서 "짠짜라"까지 사장님의 전라도식 징한 스타일로 장윤정과 저는 2년 5개월 함께 연예계를 달렸고, 기존의 트롯트 이미지를 깨고 신세대 러블리 트로트 여신으로 등극하게 되었습니다.

사실 사장님은 외모만 조폭이지, 일을 해보니 맘이 참 따뜻한 사람이었습니다. 사장님의 무조건 직진 스타일은 제가 현실적으로 진짜 힘들 때면 답을 줍니다.

'세상에 안 되는 건 없다. 진심과 진념과 일에 대한 사랑이 있다면, 내가 진정으로 원한다면 가능하다.'
불가능이란 제가 그 만큼의 미친 실행력과 미칠 용기가 부족하기 때문입니다.

목표하고 있는 것이 있다면, 나의 실행력의 수준을 높게 스타일링 해보세요. 사장님처럼 장윤정을 최고로 만들기 위한 그 미친 실행력, 저는 그의 스타일에 지금도 박수를 보냅니다.
사실 그때는 당시 불도저 같은 추진력으로 저를 섭외하신 사장님 때문에 처음엔 당황해서 미쳐 죽을 뻔했지만, 어찌 되었든 사장님은 장윤정을 위해 목표하신 최고의 스태프를 포섭하는 데 성공하였습니다. 그리고 우리나라 트로트계의 큰 획을 그은 장윤정과의 작업은 지금도 저에게 행복했던 기억으로 남습니다.

도전 하세요. 계획하고 있는 일이 있다면. 당신의 미친 실행력 스타일을 잡아목표를 세우세요. 세상은 적극적인 스타일의 사람에게는 절대 거절하지 못합니다.

출처:대경대학교

대경대학교 졸업작품전 (2019) 크리에이티브 디렉터로 임승희교수 기획하다.

저는 무경험, 무경력자입니다.
상식적으로 안 해본 일에 대한 의뢰에서 대부분의 사람들은 '저는 해본 적이
없습니다'로 대답하고 일을 피해 가는 게 평균입니다. 그러나 제 머릿속에는
이미 '재미있겠다'가 그려지고 저의 대답은 하나입니다.

'그럼요, 제가 할 수 있죠.'

Chapter 6

나의 꿈으로의
전력 질주
스타일과 합석하라

매일 즐거운 여자,
백화점 VIP 스타일링 클래스 주인공이 되다

당신은 하루 중 가장 행복한 시간이 언제인가?

하루를 시작하기 위해 눈을 뜨는 순간?

하루를 시작하는 커피 한 잔?

세상과 만나기 위해 준비하는 시간?

세상 속에서 만나는 나의 모습?

일상을 마무리하는 반주 한잔하는 저녁 시간?

하루의 마무리, 안대를 하고 침대 속으로 가는 시간?

나의 하루의 시작은 화장대 거울 속의 나입니다.

밋밋하고 널찍한 페이스와 가느다란 외까풀, 두드러지지 않은 콧대와 툭 튀어나온 입술. 아침을 여는 세안 후 거울 안의 닥종이 닮은 순이 같은 나를 만납니다.

흔적만 있는 아이브로에 브라운의 컬러로 생명력을 불어넣어주고, 푹 꺼진 외까풀은 스모키 아이섀도와 굵은 아이라인로 선을 살려줍니다. 그것만으로 나는 할리우드 배우 저리 가라는 눈에 딱 들어오는 강한 인상을 갖게 됩니다. 여기에 널찍한 페이스를 다듬어 줄 브로슈어로 얼굴 전체에 음영을 주고 마지막으로 툭 튀어나온 입술을 진정시킬 스킨톤의 립스틱을 발라줍니다.

나의 변신은 불과 10분이면 충분합니다. 나는 닥종이 순이에서 스타일리스트 임승희로의 완벽한 변신을 시도합니다. 나는 이 시간이 세상에서 가장 행복한 순간입니다. 세상 속으로 향하는 나의 변신은 나의 큰 무기가 되기 때문입니다.

외모의 완벽한 변신을 하였으니, 나의 비즈니스 스타일에도 변신이 필요합니다. 하이텐션, 하이톤의 목소리, 속사포 랩을 쏟아내듯 빠른 말을 기본 장착하고 태어난 저는, 목소리만 들어도 저의 존재감은 사람들의 귓속으로 뿜뿜. 빠른 몸놀림과 손놀림, 다다닥 빠른 발소리는 저의 트레이드마크로 어딜 가나 딱 한눈에 띄는 스타일입니다.

여기에 남다른 시선과 남다른 감각으로 일상의 소소한 사건도 오늘의 헤드라인 뉴스가 되도록 스토리텔링과 유머를 더하여 화제를 주도하고 있는 내 모습을 발견하게 됩니다. 어딜 가든 사람들이 몰리고 나의 화제 거리를 듣고 싶어 하며 하하, 호호가 일상이었습니다. 여기에 김원희 스타일리스트 닉네임까지 더해져서 이번에 브랜드 스타일링 클래스에 초청되었습니다.

백화점 VVIP 고객을 초청하여 브랜드의 신상품을 실제 모델착장과 스타일링 팁을 강의하는 클래스입니다. 소수 VVIP 고객 대상으로 유럽 살롱쇼를 연상케 하듯 백화점 VIP룸에서 케이터링과 함께하는 고퀄리티의 패션 트렌드 스타일링 클래스였습니다. 대부분의 스타일링 클래스를 진행하는 스타일리스트는 클래식함과 고급스러움을 추구하고는 합니다. VIP고객 대상이니까요.

저는 방송 출연도 가끔 하던 때라 보통은 청담동의 헤어숍에서 헤어스타일을 잡고 가는데 그날은 신촌 현대백화점이라서 가까운 홍대의 헤어숍에 예약을 하였습니다.

홍대의 헤어숍은 청담동에 본점을 둔 연예인 스타일링으로 유명한 곳이었습니다. 분점이라 본점과 동일한 시스템으로 진행 될 거라고 생각하였습니다. 그러나 헤어 시술을 전문으로 하는 홍대점 원장님은 헤어 스타일링을 의뢰하는 손님이 처음이었고 일상이 아닌 특별한 의뢰에 하이텐션 상태였습니다.

갑자기 스타일을 제안하고 싶다며 고데기로 머리를 말기 시작하였습니다. 당사자인 저의 의견 따윈 중요치 않았습니다. 웨이브 진 헤어는 귀 옆으로 바짝 뒤로 당겨졌습니다. 이 싸한 느낌은 무엇일까요?

예상치 못한 상황 저의 헤어스타일은 순식간에 가수 현미 선생님 스타일로 바뀌었습니다. 거울 속 저의 헤어스타일에 당황스러웠으나 워낙에 새로운 스타일을 좋아하는 저로서는 오케이. 심지어 잘 어울리는 것 같다는 생각도 잠시잠깐 들기도 하였습니다.

단아한 스트레이트 단발 카리스마 스타일에서 갑자기 홍 부자 현미 선생님으로 대변신을 한 것입니다.

샤넬 풀 착의 고객님들 앞에서 홍 부자 현미 헤어스타일의 스타일리스트는 그날도 브랜드와 트렌드를 연결하는 스타일링 클래스의 엔진에 불을 당겼으며, 명품 브랜드가 아님에도 불구하고, 제가 착용한 의상과 매장의 신상품들은 매진을 찍으며 신화를 창조하였습니다.

아줌마 스타일에 말발 좋은 스타일리스트는 아줌마들의 워너비가 되었습니다.

막스앤스펜서는 이후 전국 백화점으로 스타일링 클래스가 이어졌으며, 폴엔조, 소니아니켈, 진도모피, 롯데백화점, 신세계백화점 등 전국구 아줌마들의 호평이 늘어갔으며, 홍 부자 스타일리스트를 찾아서 참석하는 고객 팬까지 형성하기도 하였습니다.

행복한 순간을 즐기세요. 세상으로 나갈 때는 나의 무기가 될 수 있는 나의 스타일로 변신해 보세요. 내가 행복해야 하는 일도 즐겁게 잘 풀립니다. 평소 자신의 스타일을 체크해보세요. 사람들에게 나는 어떤 사람으로 인식이 되는지 살펴보세요.

나의 패션 스타일, 나의 비즈니스 스타일, 나의 일상 스타일

나의 스타일은 사람들에게 어떠한 영향력을 끼치고 있을까? 아니면 존재감이 없는 사람으로 인지 되었는가?

행복한 나의 스타일을 스타일링 해보세요. 그 순간을 즐기면 당신의 스타일은 세상과 통할 것입니다.

꿈꾸지 마세요,
미친 실행력 스타일의 당신은 이미 현실입니다

꿈을 향해 질주하는 아이돌 연습생은 하루에 18시간이상을 연습하면서 스타가 되기 위한 노력이 대단합니다.

리얼리티 프로그램 '오프더레코드, 수지' 편을 보면 연습생 시절 치열하게 노력하는 모습을 빼곡히 적어 놓은 연습 노트가 공개됩니다.

수지의 노트를 보면 가수로 데뷔하기 전 연습하고 준비했던 노래 가사집부터 데뷔 후 지금까지 출연했던 모든 작품의 대본 등이 정리되어 있습니다. 노래 가사집을 분석하고, 현재 상황에 대한 메모도 소소히 적혀 있습니다.

"내가 힘들어도 최대한 티 안 내기"
"다른 사람 힘든 것 생각하기"
"주변 사람에게 사랑받는 존재가 되자"

사람들 대부분은 수지가 그냥 운 좋게 성공했다고 생각하지만, 그녀는 치열했던 연습생 시절을 거쳐서 본인 스스로 단단하게 성공하였음을 보여주는 영상입니다.

수지는 태권도 사범인 아버지 슬하에 평범하게 성장하였으며, 남들을 배려하고 겸손을 배웠습니다. 가수 수지에서 연기자 배수지로 영화와 드라마의 프로세계에서 자신의 가치를 높이기 위한 노력은 프로급입니다. 영화 "도리화가"를 위해 1년간 판소리를 배우는가 하면, SBS 드라마 '당신이 잠든 사이'에서 기자 역할을 위하여 현직 기자에게 자문을 받고 레슨을 받아 완벽하게 소화하기도 하였습니다.

순수함을 간직한 건축학개론의 서연으로 대중의 시선을 한번에 잡더니 미쓰에이의 화려한 무대를 소화하고 SNS에서 소신 발언 등으로 대중은 수지에 푸욱 빠지게 되었습니다.

현재의 수지가 있기까지 그녀는 인기 앞에 욕심을 버릴 줄 알고 꿈을 향해 연습하고, 자만할 수 있는 자신을 컨트롤 하면서 도와준 모든 사람과 팬들에게 감사할 줄도 압니다.

"수지가 수지했다" 요즘 신조어입니다. 대중은 그녀의 성장 과정을 통해서 '꿈을 꾸고 노력하면 이룰 수 있다'를 통한 미친 실행력에 감동한 것입니다.

시작은 나랑 같은데 결과는 하늘과 땅인 상황이 있습니다.

고등학교 시절 공부보다는 문예부 동아리 활동을 열심히 하였습니다. 밤잠 설치며 보낸 엽서가 그 시절 라디오 '밤을 잊은 그대에게'에서 DJ 변진섭의 부드러운 목소리로 읽혀졌고, 친구의 부탁으로 대필

엽서도 보내주던 시절이 있었습니다. 그런 저의 학창시절 저의 친구층은 얇고 넓게 학교 전체를 아우르는 유명한 학생으로 통하였습니다. 그 중 우리학교 전교 1, 2등 친구들도 나의 친구였고 자신과는 전혀 다른 친구인 저에게 관심이 많았습니다. 자신들의 성적을 위협하는 존재가 아니어서 긴장하지 않아도 되는 존재, 다만 좀 낯선 즐거움에 빠진 특이한 친구로 저를 좋아하였습니다. 결이 다르나 독특한 결을 갖은 친구가 아마도 특이해 보였나 봅니다.

졸업을 하고 유학을 다녀온 나는 말이 좋아 메이크업 아티스트, 스타일리스트이지 사실상 한 달에 한 번정도 일이 있을까 말까 하는 실업자 였습니다. 대기업에 취업하고 자리 잡은 친구의 시선엔 자신의 노력에 맞는 결과이고 예상대로 남다른 특이함에 짠하고 안심이 되는 친구였습니다.

IMF가 터졌습니다. 대기업은 구조조정을 하고 멀쩡하게 대기업을 다니던 친구들은 평생 명예와 안정감을 줄 것 같던 회사에서 짤렸습니다. 그 때 저에게는 서서히 기회가 주어지기 시작하였습니다. 어시스트 시절이 없었으니 무경험이고, 경력이 없으니 무경력자 입니다. 그러나 저의 단점을 커버할 수 있는 카리스마 마스크가 있습니다. 앞에서 언급했듯이 이상할 만큼 사람들은 저의 아우라가 있는 외모를 신뢰하였습니다. 별다른 코멘트 없이 당연히 적임자라는 신뢰를 가지고 일을 의뢰하였습니다. 참 신기한 일입니다.

저는 무경험, 무경력자입니다.

상식적으로 안 해본 일에 대한 의뢰에서 대부분의 사람들은 '저는 해본 적이 없습니다'로 대답하고 일을 피해 가는 게 평균입니다. 그러나 제 머릿속에는 이미 '재미있겠다'가 그려지고 저의 대답은 하나입니다.

'그럼요, 제가 할 수 있죠.'

안 해본 건 밤새 해보면 됩니다. 경력은 지금부터 쌓으면 되고요.

그렇게 저는 영화 '야생동물 보호구역'에서 보디페인팅을 하고, 생각지도 않았던 미니시리즈 '승부사'의 박찬환 스타일리스트로 입문하게 되고, 뮤지컬 '내 사랑 내 곁에' 의상 감독으로 데뷔하였으며, 영화 '방과후 옥상' 의상 실장으로 저의 입지는 점점 단단해져 갔으며, 대학 강의까지 겸하면서 박사학위까지 취득하기에 이르렀습니다.

안전빵을 선호하는 세상입니다.

모범생이 성공하는 세상이었습니다.

그러나 IMF로 세상은 뒤집어졌습니다.

미친 실행력으로 도전해야만 성공할 수 있다는 딴따라의 세상 연예계에서 공부보다는 재능을 키우던 친구가 성공하였습니다.

무속 영화 찰리 채플린의 반복적인 일상처럼 대기업은 분업화입니다. 우등생으로 살아온 친구는 퇴직 후 바리스타로 혹은 사회복지사가 되기 위해 늦깎이 대학교 입학을 시도하였습니다.

'너의 선택이 맞았어. 그때는 참 한심해 보였는데'

저는 꿈을 꿉니다. 제가 좋아하는 일을 하고 싶었습니다. 그때에는 그리 돈이 많이 필요하지 않습니다. 그러나 꿈이 현실로 이루어지면서 돈도 명예도 따라 왔습니다.

꿈은 꾸지만 말고 바로 실행 하세요~ 미친 실행력을 가진 당신에게 꿈은 현실이 됩니다.

남들의 시선 피하지 마세요,
당신의 스타일로 즐겨보세요

'나 다움의 시대가 왔습니다.'

상, 하위 계층의 조직 문화가 가고, 일과 삶의 균형 워라밸의 시대가 왔습니다. 행복의 무게 추가 재미와 의미 사이의 균형을 이루는 나의 저녁이 있는 삶, 고액의 연봉보다는 야근이 적은 직장을 선호하게 되었습니다.

직장 조직도 변화를 시작했는데 타인과의 경쟁을 의식한 스펙 쌓기보다는 나를 위한 삶에 무게를 두는 업그레이드 라이프 스타일을 추구합니다. 그러다 보니 재택근무 형태와 프리랜서 형태로 직장 구조가 바뀌어가고, 자기 시간 관리를 할 수 있는 시대를 지금 우리가 살고 있습니다.

조직 문화 속에서는 교복 세대의 단합과 군기가 있었다면, 워라밸 시대에 나의 브이로그와 SNS 라이브로 소통의 신문화로 자리 잡아가고 있습니다. 나의 라이프 스타일과 내가 좋아하는 일들 그리고, 나의 관심사를 보여주는 관종의 시대가 시작되었습니다.

남이 나를 터치하는 것을 싫어하며, 관심사가 같은 사람들끼리의 소통은 허용됩니다. 일과 일상의 분리로 사람들은 점점 개인 중심적 성향으로 변해가면서 일의 형태도 평생직장의 개념이 무너지고 인생과 경력관리의 새로운 패러다임이 몰려오고 있습니다. 여기에 2030세대의 페어 플레이어는 공평한 세상의 공정함을 추구하기도 합니다. 정확한 직장 내 업무 분담과 가정 내 가사분담의 형태를 띠면서 개인적 성향으로 급변하고 있습니다.

교복에서 벗어난 대학 새내기들의 첫 사복 스타일은 남들이 보기에 매우 과합니다. 나름 놈코어를 추구하고 패션왕 웹툰에서 본 것 같은 투 머치 스트리트 스타일을 추구합니다. 여기에 고저스 스타일의 타투와 블랙 메이크업은 뭔가 스타일은 있어 보이나 인위적입니다. 그러나 빈티지함을 겸비하면 패션 성애자로 등극할 수도 있다고 믿고 있습니다.

새내기 아이들은 패션을 가지고 놀아보는 것입니다. 그동안의 패션에 대한 자유의 갈망이라고나 할까? 온라인으로 접한 패션의 판타지를 한꺼번에 적용해 본 사례라고 할 수 있습니다. 패션이 과해진 건 소화하기에 너무 많은 것을 한꺼번에 욕심을 부려서 입니다.

피부가 다했다 할 정도로 아름다운 피부에 두꺼운 파운데이션을 하얗게 덕지덕지 바르고 시꺼먼 아이섀도와 아이라이너로 현실적으로 불가능한 눈의 사이즈를 키웁니다. 핏빛 입술을 바르고 코와 눈썹에 피어싱 한두 개, 손가락과 귀밑 목 언저리에 타투 한두 개, 그리고 체인과 하네스로 블랙 성애자로의 멋을 낸 아이들. 새내기의 첫 학기는 다 그렇습니다.

패션이 과할수록, 스타일링이 과할수록 사람들의 관심은 높아지고 남의 시선에서부터 자유로워집니다. 그러면서 남의 시선에서 자유로워지기 위한 자신만의 스타일 연구하기 시작합니다. 하나의 더미에서 하나씩 하나씩 걷어내기 시작하면 자신만의 유니크한 스타일이 모습을 드러냅니다.

한 학기가 지나면 화장은 얇아지며, 유니섹스한 모드에서 조금씩 자아를 찾아가는 모습들이 보입니다. 그들이 열광하는 것은 대학 교정에서의 콘셉트를 스타일링하는 것입니다.

자신의 라이프 스타일을 보여주기 위해 학과 공부보다는 자신의 스타일에 집중합니다.

그리고, 콘셉트를 잡아서 자신의 브이로그와 인스타그램을 통해 송출합니다.

자신의 신념이나 가치관도 그 변화에 합류하는데, 자신이 몰두해 있는 사건들, 주변 관심사에 대한 다양한 콘텐츠를 개발하기도 합니다. 패션과 라이프 스타일이 타인에게 보여줄 포트폴리오가 되는 순간입니다.

가끔 광고 감독은 저에게 섭외 부탁을 합니다. 스트리트 패션이 좋은 자연스러운 모델을 추천해 달라는 요구사항입니다. 누구나 모델이 될 수 있는 세상이 왔습니다. 여기에 최애의 모델로는 내추럴 해야 하며 콘셉트화 되지 않는 스타일을 선호합니다. 이들의 오디션은 인스타그램 입니다. 팔로우가 많아 인플루언서이면 좀 더 유리하게 작용하며, 그들의 스타일을 그대로 사용하길 원합니다. 검증이 필요 없는 자연스런 스타일을 그대로 상품화하여 남들의 시선에 맞춥니다.

우리는 보여주는 시대를 살아가고 있습니다.

스타일리스트들의 가장 큰 무기는 나만 가지고 있는 협찬처 입니다. 유니크한 스타일을 위해서는 노출 빈도수가 낮은 협찬사를 움직일 힘이 있어야 합니다. 연예인을 스타일링 할 때도 유니크함은 중요합니다. 나만의 스킬, 나를 찾게 만드는 원동력으로 작용하게 됩니다.

남에게 보여주기 위한 이미지와 영상들을 보면 무엇보다도 자신감의 멘탈이 중요합니다. 나만의 스타일, 유니크한 이미지 연출이 사람들의 시선을 사로잡습니다.

남의 시선에 어긋나지 않는 것이 미덕으로 배웠던 시대는 이미 갔습니다. 남의 시선을 즐길 줄 알아야 합니다. 그래야 나의 스타일을 사람들이 즐깁니다. 나만의 이미지 나만의 콘텐츠를 갖기 위한 콘셉트를 스타일링 하는 것은 이 시대를 살아가는 사람으로서 의무가 아닐까하는 생각이 들기도 합니다.

남이 시선을 피하지 마세요. 관종의 시대에서는 뻔뻔함이 정석이며, 남의 시선 앞에서 당당한 멘탈이 무기입니다.

　　타인의 관심을 받을 수 없는 것만큼 이 시대를 살아가는 데 힘 빠지는 일은 없을 것입니다. 나의 라이프 스타일이 중요한 워라밸의 시대, 남의 시선을 즐겨보세요. 대중이 열광하는 나만의 스타일을 만들어보세요. 당당함은 무기입니다.

스카우트되고 싶으세요?
스타일이 다른 당신 바로 콜입니다

오디션 프로그램의 봇물 속에 단연코 화제의 프로가 된 '프로듀서 101'은 101명의 참가자의 패션에 관심이 쏟아집니다. 오디션 프로그램의 특성상 시간적 여유가 주어지지 않았을 텐데도 매회를 거듭하면서 출연자들은 세련되고 자연스러워졌습니다.

단체복에서도 개인의 개성이 살아있으며 팀 오디션에서도 무대마다 특성이 잘 살아났습니다. 한 사람의 솜씨가 아닌 것처럼 무대마다 각각 감성이 다르게 표현되었습니다.

그 뒤에는 스타일리스트 김성식 실장이 있습니다.

가수 스타일리스트는 대부분이 영국 유학을 거치거나 단계를 거쳐서 스타일리스트 대열에 올랐습니다. 그러나 그의 남다른 이력은 지금의 '프로듀서 101'의 완성된 스타일링을 이해하는 데 도움이 됩니다.

그는 지방에서 홍대로 상경하여 작은 빈티지 숍을 운영합니다. 가수들의 패션은 지금도 홍대를 중심으로 돌아가고 있다고 해도 과언이 아닙니다. 그때 그의 남다른 패션 감각은 스타일리스트의 발길을 잡기에 충분하였다고 합니다. 패션을 전공한 것은 아니지만 그의 패션에 대한 관심과 감각으로 국내에서 찾기 힘든 유니크한 아이템을 셀렉하고 판매하고 협찬하였습니다.

한 번 보면 잊혀지지 않을 장발에 생소한 브랜드 의상을 매치히고 스트리트 패션 잡지에 등장하기 시작한 그는, 자신만의 독특한 감각을 보여주며 패션 업계 종사자들의 눈에 띄기 시작하였습니다. 스타일리스트라는 직종을 경험해 보지 못하였지만, 스타일리스트 못지않은 감각을 소유한 김성식 실장은 SM 민희진 이사의 눈에 띄어 스카우트 제의를 받습니다. 그리고 스타일리스트로 데뷔를 하게 됩니다. SM의 에프엑스의 스타일링을 시작으로 그는 언더그라운드의 힙합 뮤지션을 비롯해 AOMG, 블락비 그리고 워너원의 스타일링까지 담당하게 되었습니다.

그가 운영하던 빈티지 숍 아프로갓은 비주얼 디렉팅 회사로 거듭났고 다양한 뮤지션들의 비주얼을 책임지고 있습니다.

그의 스타일리스트 진출기는 참으로 특이합니다. 옷이 좋아서 시작한 빈티지 숍에 들린 관계자에 의한 스카우트. 그리고 그의 인생은 크게 달라졌습니다. 비주얼 디렉팅 회사로 거듭나게 되고 한국 3대 대형 기획사의 가수들의 스타일링을 담당하게 되었습니다.

경남 창원에서 무작정 의류 사업을 하겠다고 상경하여 현재는 대형 기획사 전체를 어우르는 비주얼 디렉팅 회사의 대표로 자리매김 하였습니다. 그의 스타일은 아티스트에게만 나오는 것이 아니라 김성식 실장의 스타일에서도 답이 나옵니다.

인생을 살다 보면 성실하게 준비를 하여 시작하고 성공하는 사람이 있는가 하면 감나무에 입 벌리고 있으면 감이 떨어지는 운이 좋은 사람도 존재합니다. 남과 다른 스타일은 그래서 남과 차별화된 기회를 가져다주는 것 같습니다.

나랑 작업하는 사람들은 대부분이 현장에서 문제가 발생하였을 때 대처하는 나의 노련함과 능숙함에 감탄합니다. 하루아침에 이루어진 것이 아니라 나도 현장에서 산전수전 다 겪다 보니 몸으로 체득해 낸 결과가 아닐까 생각합니다.

연기자도 스타일리스트를 만나게 되면 그들의 스타일을 관심 있게 보기도 합니다. 과연 나의 스타일을 책임져줄 사람인데 스타일이 어떤지 관심이 많겠죠.

보통 스타일리스트는 자기 스타일링을 잘하는 사람과 일하기 편안한 현장 복장을 추구하는 사람으로 나뉩니다. 저는 전자로 주변 사람들은 가끔 저의 스타일을 즐길 때가 있습니다. 그들과 같은 눈높이에서의 스타일링을 그들은 기대합니다. 연기자들은 특별한 의상보다는 콘셉트와 캐릭터의 옷을 편안하게 입길 원하기 때문입니다.

연기자와 작업을 하다 보면 연기자의 기에 눌려서 뭐라 하지도 않았는데 꼼짝 못 하는 스태프가 많습니다. 스타일링을 할 때도 의상 콘셉트에 대하여 소통이 되어야 하는데 한쪽에서 기에 눌려버리면 예기치 않은 많은 문제가 발생되기도 합니다.

유쾌한 탤런트 김원희를 처음 대하는 어린 스태프도 그녀의 아우라에 밀려서 주눅 든 경우가 있습니다. 우리나라를 대표하는 영화배우 심혜진, 박상민도 첫인상에서 기에 밀려 질문에 대답을 못 하는 경우가 허다합니다. 알고 보면 진짜 인간미 넘치고 정 깊은 연기자인데 이런 스태프는 그걸 느끼기 전에 미리 얼어버립니다.

아티스트와의 작업은 단발성으로 끝나지 않고 오랫동안 같이 일을 하는 경우가 많습니다. 그 이유는 그들에겐 기센 언니인 내가 오히려 편하기 때문입니다. 기에 눌리지 않아서 자유자재로 나의 의견과 패션의 일상 대화를 자연스럽게 할 수 있어서입니다.

그러다 보니 그간 나와 작업을 한 아티스트 중에 멋진 배우들이 참 많습니다.

나만의 스타일을 가져보세요. 나만이 할 수 있는 남다른 스타일~~

나를 스카우트하고 나를 찾는 이유는 남다른 나의 스타일 때문입니다. 남과 같다면, 내가 아니어도 된다면 나에게는 기회가 오지 않을 지도 모릅니다.

당신의 찐스타일을 보여주세요. 당신만의 스타일은 경쟁력이 될 것입니다.

고민이 많은 청춘이라고요?
스타일에 미쳐 봐요, 미래가 보입니다

'아프니까 청춘이다' 김난도의 청춘이 고민에 버거운 20대를 강타했습니다.

불안과 막막함, 흔들림과 외로움 그리고, 두근거리는 청춘은 고민이 많습니다.

열망의 'passion'은 아픔이라는 의미의 'passio'에서 나온 말입니다. 그렇습니다. 열망에는 아픔이 따릅니다. 어차피 인생은 크고 작은 고민으로 이루어져 있습니다.

'우리는 인생에 관해선 지독한 근시이다. 바로 코앞만 바라보지 말고 멀리 내다보며 큰 그림을 볼 줄 알아야 한다-김난도'

우리에게는 눈앞에 현실만을 볼 것이 아니라 더 큰 미래를 볼 줄 아는 시력이 필요한 것입니다. 바로 근시 대수술을 할 시점입니다.

청춘은 부와 빈에 대해서 발언권이 없습니다. 청춘의 현재는 내가 만들어야 합니다. 불확실하지만 미래라는 곳에 가기 위한 출발선에 서 있는 것입니다. 여기에서 지금 현재 나의 부유함과 빈곤함보다는 내가 미래에 대한 설계도를 가지고 있느냐 없느냐가 더 중요하다고 볼 수 있습니다.

　더군다나 현재는 소셜미디어 기반의 플랫폼을 형성하고 있는 사회 속에서 주변인의 눈치보다는 자신의 행복을 위해서 살아가는 트렌드를 가지고 있습니다. 무작정 교육만을 받아서 나의 주관이나 가치관이 없이 미래를 설계한다면, 당신은 인생의 막막함에 흔들릴 가능성이 높아집니다.

　인생 트렌드에 강해져야 합니다. 내 인생의 시작을 위한 시장 조사가 필요합니다.

　저의 20대는 프랑스에 있었습니다. 22살 때 저의 가치관의 형성은 프랑스식 사고방식인 개인주의로 남에게 피해 주지 않고, 나도 피해 피해 받지 않는 사고를 형성하였나 봅니다. 프랑스의 청춘들은 매우 가난했습니다. 그러나 그게 당연한 일입니다. 18살이 되면 경제적 독립을 해야 하며, 부모는 이때부터는 독립에 박수만 보낼 뿐이지 재정적 지원은 전혀 하지 않습니다. 좀 박해 보일 수도 있는 시추에이션이지만, 그래서 프랑스의 청춘들은 가난도 당당했습니다.

　레스토랑에서 점심을 같이 먹을 때도 각자 자기의 경제 수준에 맞춰서 커피와 샌드위치를 주문하기도 하고 정식 코스와 와인을 마실 수도 있습니다. 자기 스스로 먹고 싶은 것을 주문하고 마주 앉아 담소를 나누며 자연스럽게 자신의 음식을 먹습니다. 한국 정서에는 맞지 않겠지만 프랑스 청춘들은 남의 음식에 관심을 갖지 않으며 서로 권하지 않습니다.

자신의 삶에 대해서 부끄러움이 없고 남과 비교하지 않는 당당함을 가지고 있습니다. 프랑스의 청춘들은 젊음은 가난한 것이 당연하기 때문입니다.

프랑스의 청춘은 개성이 강합니다. 자신의 삶에 주인인 만큼 자신의 개성을 외적으로 자연스럽게 표현하고 합니다. 자신의 라이프 스타일이 히피이면 자연스럽게 형형색색의 실과 패턴으로 히피 패션을 하고 자신의 반려견도 패션의 일부이기 때문에 데리고 다닙니다. 그렇다고 그것을 이상하게 보는 사람은 아무도 없습니다. 그리고 자신의 꿈을 향해 질주합니다.

물론 우리나라처럼 대학을 꼭 나와야 하고 대기업에 취업해야 한다는 강박은 없습니다. 내가 행복할 수 있는 일을 찾고 그것이 지금은 힘들더라도 미래를 향해서 투자하는 것입니다. 그리고 자신을 대변해줄 스타일은 포기하지 않습니다. 내가 가지고 있는 예술성과 삶에 대한 가치관이 고스란히 스타일로 반영되기 때문입니다.

프랑스에서는 그 스타일을 존중하며 스타일에 대한 비평도 없습니다. 그러다 보니 프랑스의 청춘들은 햇볕 그을린 민낯에 자전거를 타고 싸구려 옷을 입는 것을 당연하게 받아들입니다. 나이가 들어가면서 메이크업도 진해지고 보디를 관리하고 그에 맞는 명품 옷을 착용하게 됩니다. 프랑스의 패션 리더는 중년에서야 완성됩니다.

가난하니까 청춘이다. 내 청춘의 스타일을 갖자.

나만의 스타일을 갖는 것은 돈으로 만드는 것이 아닙니다. 나의 현재와 나의 꿈, 나의 미래에 대한 그림을 그립니다. 한국의 청춘은 동대문 옷만 입어도 빛이 납니다. 유전자가 좋은 건지 해를 거듭할수록 프로포션이 날로 좋아지고 있습니다. 우리시대엔 여성복이 55 사이즈가 정 사이즈였는데 요즘 청춘들은 골격이 작아져서 44 사이즈로 태어납니다. 이 얼마나 축복받은 일입니까.

외모가 갖추어졌으니 나에게 스타일을 입혀보세요.
내가 좋아하는 것을 스타일에 담아보세요. 손뜨개를 좋아하면 남과 다른 니트 스타일을 가져보고, 블랙 시크를 좋아하면 미니멀 한 블랙에 도전해보세요.
요즘 편의점 아르바이트생도 스타일 있어야 오랫동안 안전하게 일할 수 있습니다. 겉에 조끼를 입어서 평균을 맞추기는 하지만 자신의 스타일을 아르바이트에 입혀보는 것입니다.
스타일이 분명하다는 것은 사람들에게 기억하기 쉽게 만드는 마력을 가지고 있습니다. 프로젝트로 진행하는 일이 있을 때 가장 먼저 뇌리를 스치는 사람은 아마도 스타일이 있는 당신일 것입니다. 유별난 스타일을 이야기하는 것이 아닙니다. 그 사람만이 가지고 있는 그 사람만의 구별법으로 스타일을 이야기합니다.

고민이 많은 청춘이라면 지금 고민하지 말고 나만의 스타일에 미쳐 보세요. 나만의 스타일을 찾아보세요. 내가 가장 나다운 스타일, 가장 상대를 편안하게 하는 당신의 스타일을 만들어 보세요.

당신의 미래를 향해 프랑스의 청춘들처럼 현실에 당당한 스타일로 돌진해 보세요. 고민이 많아 아프니깐 청춘입니다. 청춘은 당신의 스타일을 만드는 딱 적절한 시기입니다.

강단에 선 스타일에 미친 딴따라 임 교수,
당신도 할 수 있습니다

우리는 꿈을 갖고 삽니다. 꿈이 있다는 것은 목표가 있고, 목표를 향해 열심히 노력하며 산다는 것입니다. 오늘도 우리는 또 새로운 꿈을 꿉니다.

진로상담을 하다 보면 대학 초년생들은 무엇을 하며 살아갈지에 대해서 잘 모른다는 대답을 많이 합니다. 그냥 옷을 좋아해서, 코디하는 것을 좋아해서 입학하게 되었다고 합니다. 꼰대 같은 발상이겠지만, 나는 샤넬처럼 패션에 영향력 있는 유명한 디자이너가 되고 싶어서 지원하였다고 하였을 텐데, 그들의 대답은 가볍고 자기애가 강합니다. 어쩌면 발상의 전환일 수도 있습니다, 더 큰 꿈을 찾아가기 위한 더 구체적이고 긍정적 반응일 수 있습니다. 남의 시선보다는 자신의 만족을 먼저 챙길 수 있는 고퀄리티의 마인드, 나는 참 그들이 부러울 따름입니다.

한 학년이 지나고 나면 그들은 이제 자신이 못 하는 것을 알아냈다고 합니다. 자신이 잘할 수 있는 것을 파악하는 게 아니라 자신이 못 하는 것을 하나씩 가지치기하듯이 걸러내고 있는 것입니다. 스타일리스트과라도 베이스는 패션디자인의 기본과목을 수업합니다. 디자인 발상, 의상 제작, 패턴 등 디자인 과목들은 스킬이 중요하고 기술적 과목이다 보니 무조건 외워야 할 것도 많고 작업을 통해서 결과물을 만들어야 했습니다. 더군다나 미싱은 왜 이리도 내 맘 같지 않은지, 직선으로 박는데도 자꾸 바늘이 부러지고, 실이 끊기고, 인내심의 한계가 폭발 직전까지 가고, 1센티의 오차를 허용하지 않는 패턴 작업은 왜 이리 앞뒤가 안 맞는지, 생각해보니 자기는 패션과랑 맞지 않는다는 결론을 내기도 합니다. 불과 학 학기 만에 모든 가지치기가 끝나는 것입니다.

그러나 스타일리스트학과는 패션 디자이너를 양성하는 목적의 학과가 아니다 보니 크리에이티브 발상의 다양한 수업들과 다양한 진로로 자신의 꿈을 향해 나갈 수 있다는 장점을 가지고 있습니다. 물론 디자인이 가능한 스타일리스트 양성에 큰 그림의 목표를 갖고 있으나, 디자인을 감별할 수 있는 촉 있는 스타일리스트나, 패션회사 MD, 패션 홍보 대행사, 숍마스터, 메이크업아티스트 등 패션 디자인을 못해도 가능한 직종으로 꿈을 향한 우회시키기도 합니다. 또 일부는 세상으로 나가는 게 무서워 학업을 지속하겠다는 친구들도 있습니다. 최종적으로 교수가 꿈인 그들을 위해 편입을 통한 석박사 과정을 준비시켜 주기도 합니다.

이 얼마나 자기만족을 높여 꿈을 찾아가는 방식인가요? 좌절보다는 나를 행복하게 하는 직업을 찾아가는 신박한 발상. 꿈을 향해 집중할 수 있고, 꿈을 이루기 위한 설계도 받을 수 있습니다.

세상은 이렇게 개인의 행복을 우선으로 하며 변화하고 있습니다.

저는 처음부터 교수를 꿈꾸지 않았습니다. 우연한 기회에 프랑스에서 메이크업을 공부하고 입문하여 영화 의상을 접하게 되었고, 연예인 스타일리스트로 현장에서 행복한 행보를 하였을 뿐이었습니다.

나의 일에 대한 행복지수가 높고 만족도가 높아지면서, 사람들과의 일상이 즐거워졌습니다. 그러다 보니 일상의 즐거운 수다가 많은 사람에게 행복을 가져다주며 웃음을 주게 되었고 이것은 특강과 방송으로 자연스럽게 이어졌습니다.

사람이 많을수록, 공간이 넓을수록 내가 생각하지 못한 상황들이 벌어졌습니다. 대부분이 대학생을 위한 특강이다 보니 즉흥적으로 대처해야 하는 상황이 많았습니다. 참으로 신기한 일이 벌어졌습니다. 무대에만 올라가면 내가 미리 생각하지 않았던 말들이 술술 나오기 시작하였고, 대중들은 그것에 반응하며 환호하였습니다. 나는 무대 체질인 걸 그때 알았습니다.

동덕여대 스포츠 모델학과가 개설되면서, 담당하는 교수님이 바쁘셔서 하루 수업 의뢰를 받았습니다. 수업에는 모델계의 대모 김동수 교수님이 참석하게 되었다. 흥미진진한 현장 이야기, 모델로서의 메이크업 테크닉, 메이크업과 패션에 대한 수업은 열광의 도가니였습니다.

그 후로 딱 1년 후에 김동수 교수님께 연락이 왔고 수업을 맡게 되었습니다.

나의 첫 대학 강의는 이렇게 시작이 되었고, 서울종합예술학교의 스타일리스트학과가 생기면서 현업의 첫 스타 교수로서 교수의 길에 들어서게 되었습니다. 강단은 나에게 또 다른 카타르시스를 주었으며, 정식 대학으로 가고 싶은 열망을 갖게 만들었습니다.

그 시점의 나는 스타일리스트로 화려하게 질주를 하였으며, 영화 의상 디렉터로 강력한 영향력을 갖게 되었습니다. 팀이 아닌 회사로 스타일리스트 프로세스를 체계적인 시스템화하는 와중에도 교수에 대한 열망은 가득 하였습니다

그럼 나에게 부족한 점이 무엇일까?

대학으로 가기에는 학력이 부족 하더라고요. 그럼 학력을 갖춰야겠습니다. 미친 실행력은 바로 중앙대학교 예술대학원 패션예술학과 석사과정을 거치며, 청강문화산업대학교 패션스쿨 초빙 교수로 임용이 되었고 박사과정 중 대경대학교 패션스타일리스트 전공 전임 교수로 임용되었습니다.

꿈을 꾸고 꿈을 향해 질주하였습니다. 꿈은 이루어졌습니다.

스타일리스트학과가 대학에 개설되면서 교수로 가고 싶은 현직 스타일리스트가 많아지고 있습니다. 그러나 일과 병행하여 학업을 마치기는 쉽지 않은 일입니다. 스타일리스트는 시간을 스스로 분배하여 사용할 수 있는 장점이 있기 때문에 열정만 있다면 충분히 가능하기도

합니다.

스타일리스트로 24년을 직진하면서 스타일리스트로 교수가 되었습니다. 일하다 보면 뜻하지 않은 기회들이 다가 올 때가 있습니다.

나의 스타일 직진 고고씽 스타일~ 무조건 전진.

당신에게 주어진 기회를 잡으세요. 학력도 없던 딴따라 임 교수도 잡았습니다. 물론 남다른 노력은 필수 입니다.

오늘부터 시작하세요. 열정과 미친 실행력만 있으며 꿈은 현실로, 현실은 행복으로 다가옵니다.

출처:스타하우스엔터테이먼트

바운티 헌터스 (2016) 의상 임슝희 영화에 참여하다.

패션은 당당해야 합니다. 즐길 줄 알아야 보는 사람도 공감하게 됩니다. 패피로 화려한 외출을 하려면 심플한 일상 룩에 패션 트렌드를 가미해 보세요. 어렵지 않아요. 나의 스타일에 패션 트렌드의 만능 아이템 하나 장착하면 누가 봐도 패피로 거듭날 수 있습니다.

Chapter 7

스타일링 TIP

블랙 스타일링 TIP

한국 사람이 가장 선호하는 컬러 하면 블랙입니다. 옷장의 문을 열어보세요. 블랙, 화이트, 그레이, 대부분이 무채색이거나 혹은 컬러가 있더라도 채도가 낮아서 색감이 낮은 톤을 선호합니다.

왜 블랙에 사랑이 빠진 걸까?

블랙이 갖는 안정감과 수축의 컬러 심리 때문일 것입니다. 블랙을 입으면 안 뚱뚱해 보일 것이라는 희망과 사람들 사이에서도 도드라지지 않아 눈에 띄지 않을 것이라는 착시의 심리가 있습니다.

블랙은 매우 고급스럽고 매혹적이며 위엄 있는 컬러입니다. 우리가 알고 있는 상식과는 거리가 먼 컬러 심리를 가지고 있습니다. 블랙 컬러를 입을 때에는 나를 돋보이고 싶을 때 입는 컬러임을 명심해야 합니다. 블랙을 입었다고 해서 날씬해 보이거나 눈에 안 띄는 것은 결코 아닙니다. 더 돋보일 가능성이 높습니다.

블랙 스타일링의 고급 팁을 알아봅시다.

1. 블랙 하면 보통은 장례식장을 떠올릴 것입니다.

장례식장에서의 블랙은 최대한 디테일이 없는 기본 슈트를 선택하세요. 액세서리가 없어야 더 미니멀 합니다. 애도의 표시를 하면서 최대한 자신의 스타일을 살릴 수 있는 블랙 스타일링의 정석이라고 할 수 있습니다.

2. 발언권을 높여야 할 때 블랙 스타일링을 추천합니다. 블랙의 위엄있고 강해 보이며 포스있는 스타일링으로 자신의 결연한 의지를 나타낼 수 있는 컬러입니다. 여기에 포인트로 화이트를 사선으로 넣어준다면, 아마도 상대방으로 하여금 자신의 강한 의지 표명에 성공할 것입니다. 그리고 블랙 스타일은 보호와 결연의 컬러 심리가 있어서 그날의 자신감도 상승할 것입니다.

3. 화려한 파티 의상으로 블랙을 권유합니다. 화려함 속에 더욱 화려할 수 있는 컬러가 블랙이기 때문입니다. 주변의 색감이 강하고 현란할수록 블랙 스타일은 더 돋보일 수 있습니다.

광택의 소재와 하드 한 디자인을 선호하며, 미니멀한 의상 디자인에 화려한 주얼리를 추천합니다. 여기에 완벽한 메이크업은 필수요소 입니다. 블랙은 노 메이크업 일 때 얼굴의 잡티와 칙칙함을 그대로 보여주는 어려운 컬러임 입니다. 블랙을 선택하였을 때에는 반드시 완벽한 메이크업으로 전체적인 스타일의 완성해 보세요.

4. 생각이 많은 날, 누구에게 비밀이 있는 날 나를 완벽하게 커버 하고 싶을 때 블랙 스타일링을 해보세요. 나의 페르소나로 변신해 보세요. 블랙이 갖는 근접할 수 없는 냉담함을 보여줍니다. 평소 스타일에

블랙을 가미해 보세요. 상대로 하여금 나에게 함부로 할 수 없게 만드는 마력을 경험하게 될 것입니다.

블랙은 사실 쉬우면서 어려운 컬러이며 스타일링 할 때도 무척 신경이 많이 쓰이는 컬러입니다. 무턱대고 블랙만 입으면 날씬해 보이고 힙 스타일이라고 생각하는데 사실 블랙이 갖는 컬러 심리를 이용한 스타일링에 도전해 본다면 당신도 블랙의 매력에 빠지게 될 것입니다. 블랙 스타일링에서의 가장 중요한 팁은 전체적으로 풀 착장의 메이크업과 스타일링입니다. 블랙은 사람이 가지고 있는 단점을 다 보여주는 컬러임을 잊지 말아야 합니다.

자 이제 당신도 블랙 스타일링의 고수로 등극하고 컬러 심리를 감안한 당신의 스타일을 만들어 보세요. 어렵지 않아요. 스타일링은 소소한 일상과 같이 생활 속에 있어요~

일상의 컬러 스타일링 TIP

컬러로 다이어트하자.

코로나19로 집콕러들의 확찐자 확산으로 인한 다이어트 열풍이 일고 있습니다. 사회적 거리두기로 전문가의 손길을 받을 수 없는 현실, 홈트레이닝에 도전해 보지만 이것도 쉬운 일이 아닙니다. 그러다 보니 결국에 톤 다운된 어두운 컬러의 옷과 보디라인이 전혀 살아나지 않는 트레이닝 룩이 코로나19 패션으로 떠오르고 있습니다.

칙칙하고 루즈하고 남루해 보이는 코로나19 패션에서 탈피해보세요.

컬러 다이어트는 컬러 배합으로 날씬해 보이는 착시 현상의 효과를 보는 스타일링을 말합니다. 오히려 톤이 높고 밝은 컬러가 스타일링에 다이어트 효과가 있는 걸 아는 사람은 별로 많지 않습니다. 한국 사람은 컬러를 무서워합니다. 컬러에 알레르기가 있는 것도 아닌데 왠지 연예인이나 입을 것 같다는 고정관념을 가지고 있습니다.
그 러나 일상에서 만나게 되는 컬러에 대해서는 거부감이 없습니다.

요즘 인테리어도 컬러 포인트가 많이 보입니다. 화이트에 블루, 화이트에 옐로우 포인트의 카페에 가보면 좀 시원하고 넓어 보이며, 기분도 상쾌해집니다. 눈으로 힐링이 되고 세련된 인테리어를 선호합니다.

해외 브랜드에서는 컬러가 많습니다. 한국에 바잉 될 때 대부분은 컬러들은 걸러지고 단아한 컬러와 디자인만 수입됩니다. 컬러에 익숙하지 않은 고객들에게 팔릴 상품만 바잉하게 되는 것이기 때문입니다. 그러나 SPA 브랜드는 단시간 단기간 내에 디자인이 나오다 보니 해외 상품과 동일한 상품이 진열 판매 됩니다. 가성비 좋은 SPA 브랜드에서 컬러를 시도해보는 것도 추천합니다.

세상의 중심이 되고 싶은 컬러 옐로우, 푸른 바다를 전해주는 블루, 마음이 편안해지는 그린, 주목받고 싶은 레드 등 모노톤의 기본 컬러와 매칭이 되어 디스플레이 됩니다. 보기에도 기분 좋아지는 컬러에 익숙해지기 위해 일상의 컬러 스타일링에 도전해보세요.

컬러와 친해지기 위해서는 작은 소품부터 도전보세요. 살랑살랑 봄의 스카프와 친해지면 레드 컬러 포인트 숄더백을 들어보세요. 나의 스타일링에 포인트가 될 것입니다. 힙한 스타일로 믹스매치 스타일링을 할 때 신발이 중요합니다. 컬러가 들어간 블로퍼나 슬립온을 스타일링 해보세요. 나도 힙 한 컬러 스타일링에 익숙해질 것입니다. 모든 것은 경험에 의해서 익숙해집니다.

상의를 모노톤으로 차분한 분위로 스타일링을 하였다면, 생기 뿜뿜

레몬 컬러의 하의를 매칭 해보세요. 다리가 길어 보이는 마술과도 같은 효과를 볼 수 있습니다. 반대로 딸기 우유 컬러의 상의를 매칭 하였다면 하의는 모노톤으로 스타일링 해보세요. 화사한 반사판 효과로 그 날따라 이쁘다는 소리를 많이 듣게 될 것입니다. 핑크빛이 나의 피부색을 받쳐줘서 혈색이 좋아 보이게 하고 밝아 보여 보는 사람에게 기분 좋은 인상을 만들어 주는 효과가 있습니다.

여기서 잠깐!! 일상에서 컬러 스타일링의 주의해야 할 점은 컬러를 살리고 싶다면 화이트나 블랙을 매치하면 좋습니다. 좀 더 선명하고 밝아 보이는 장점이 있습니다. 그리고 컬러와 컬러로 매칭 할 때는 톤을 맞춰야 합니다. 유사한 색상의 같은 톤을 사용한 톤인 톤 배색의 스타일링으로 세련되게 연출할 수 있습니다.

일상의 컬러에서 나를 충전할 수 있는 에너지를 받듯 나의 스타일링에도 컬러를 조합해보세요. 나만의 스타일인 시그널 컬러를 가져보는 것도 좋습니다. 과감하게 '시도'를 해보세요. 일상의 컬러 스타일링으로 남들과의 소통에서 한 발짝 더 다가올 수 있게 나의 스타일이 완성될 것입니다.

패피의 화려한 외출 스타일링 TIP

우리가 흔하게 옷 좀 좋아한다고 하면 자칭 '패피'라는 말을 많이 씁니다.

패피란 'fashion'과 'people'의 줄임말로 옷을 좋아하며 패션 꾸미는 것에 대해 관심이 많은 사람을 말합니다.

소셜미디어 시대의 패피들은 셀럽, 디자이너, 스타일리스트, 일반인들까지 그 폭이 광범위합니다. 패피가 조금 더 발전하면 'fashion'과 'star'의 합성어 패셔니스타로 등극하게 되는데 이들은 뛰어난 패션 감각으로 선망의 대상이 되기도 합니다. 그리고 패셔니스타는 유행을 선도하기도 합니다.

전문가의 도움 없이도 패셔니스타가 될 수 있고, 패피로 거듭나기 위해서는 SNS 학습이 필수입니다. 브랜드와 스타일링 그리고 나만의 팁까지 그 정보의 홍수 속에서 나에게 맞는 패피 룩을 찾아서 시도하고 적용하여 자신의 스타일을 갖게 되는 사람이 진정한 패피가 됩니다. 물론 보고 하지 않으면 말짱 도루묵이긴 하지만 보는 것만으로 우리는 패피의 보는 감각을 익히게 됩니다. 그러다 보니 패피 셀럽과의 작업은 많은 토론과 의견 조율이 필요할 때도 있습니다. 자신의 색감과 결을 살린 스타일링을 하기 위해서 그래서 더 돋보이는 것이 아닌 가 싶습니다.

서울 컬렉션 기간 중 DDP 광장에는 우리나라 패피 혹은 패피 지망 생들이 몰려듭니다. 나름대로 패피 스타일링을 하고 포즈를 취하며 사 진을 찍기도 하고 관종이 되기도 합니다. 또한 그런 패피를 찍기 위해 몰려드는 사람들도 있습니다. 한국 패션의 현주소를 보여주는 곳이기 도 합니다.

나만의 스타일이 있는 패피의 화려한 외출 룩에는 비밀이 있습니다.

특별할 것 같은 패피의 화려한 외출 룩에는 오히려 깔끔하면서 유 니크한 스타일룩이 패피의 정석입니다. 요란하게 핫 인싸템을 배열할 것 같지만, 패피들은 옷을 과하게 입지 않으면서도 현재 패션 트렌드 에 맞게 입는 것이 특징입니다. 일반인의 시각에서는 조금 이상하다고 느낄 수 있겠지만, 패피가 선택한 의상은 몇 년을 앞서가는 스타일링 이 대부분입니다.

패피 스타일링 따라잡는 만능키로는 현재의 트렌드 아이템을 선점 하는 방법이 있습니다. 그중에서 나랑 가장 잘 맞을 것 같은 만능 키 하나만 선택하면 됩니다.

올해의 만능 키 아이템으로는 #PINK POWER, #ACCORDION PLEATS, #ANIMAL WORLD, #CHECK IN PLEASE로 뽑을 수 있는

데 너무 과하게 전체를 다 스타일링 한다고 생각해보세요. 중국에서나 볼 수 있는 꽃거지 룩이 만들어지지 않을까 싶습니다.

특별한 외출, 나만의 스타일링하기 위해서는 올해의 패션 트렌드 키워드에 맞는 아이템을 찾아보세요. 하나씩 나의 스타일에 대입해보세요. 그리고 실행에 옮겨 착장을 시도해보세요. 무난하면서도 트렌디한 패피로 화려한 외출 룩이 완성될 것입니다.

여기에서 강한 자신감은 패피로서의 에티튜드임을 명심하세요.

예전에 패션쇼 스타일리스트로 활동하였을 때 특별 게스트로 영화배우 김혜수 가 참석하기로 적이 있었습니다. 리허설이 끝나고 저 멀리서 세 명의 김혜수가 걸어오는 듯 한 착각을 일으켰습니다. 청바지에 화이트 티셔츠와 바바리를 걸치고 빅 사이즈 선글라스를 착용한 세 명의 여성이 당당하게 걸어왔습니다. 매니저와 스타일리스트가 동행한 것이었는데 그들의 무난한 패션에서의 그 당당함이 패피로 거듭나게 한 중요한 요인이 아니었나 생각합니다.

패션은 당당해야 합니다. 즐길 줄 알아야 보는 사람도 공감하게 됩니다. 패피로 화려한 외출을 하려면 심플한 일상 룩에 패션 트렌드를 가미해 보세요. 어렵지 않아요. 나의 스타일에 패션 트렌드의 만능 아이템 하나 장착하면 누가 봐도 패피로 거듭날 수 있습니다.

나만의 패피 스타일로 주목받는 화려한 외출을 해보세요.

미친 실행력으로
세상에 우뚝 서는 스타일 TIP

세상을 살아보니 내가 계획했던 대로 살아지지는 않았습니다. 전공을 살려 직업을 갖고 싶었지만 뜻하지 않은 제안들이 들어오게 되고 나의 계획과는 무관하게 다른 직업을 갖게 되기도 합니다.

김창옥 교수의 강의는 듣다 보면 그 인간적인 면에 끌려서 계속 듣게 되는 중독성을 갖고 있습니다. 성악가 출신으로 성악가를 꿈꾸었지만 잘 풀리지 않았습니다. 우연하게 강사로의 기회가 왔고 그 기회를 잘 잡아서 스타강사가 됩니다. 그리고 이제는 소통강사 김창옥으로 스포트라이트를 받으며 화려한 삶을 살아갑니다. 본인의 꿈인 성악가를 포기하지 못해 10년 동안 레슨을 받기도 하며 그 기회를 노리나 그리 쉽게 풀리지 않았습니다.

그리고 사람을 만나는 직업인데도 불구하고 낯도 많이 가리고 새로운 사람을 만나는 것에 대한 거부감이 우울증으로 오기도 했다는 그의 강의를 들으면 '사람은 다 똑같구나'라는 생각으로 공감하게 됩니다.

그의 꿈은 스타강사가 아니라 성악가였습니다. 그러나 그는 소통 강의로 스타강사의 자리에 우뚝 서게 되었습니다.

기회가 왔을 때 기회를 잡아야 합니다. 그 기준에 맞는 나를 만들기 위해 미친 실행력을 가동해야 하는 시간입니다. 지금이 기회입니다. 기회는 나를 기다려주지 않습니다.

대학의 학기 중간쯤 되면 학생 상담에 들어갑니다. 학교와 학과는 잘 맞는지 지금의 전공으로 이 학생이 미래를 설계할 것인지 중간 점검을 하는 것입니다. 그 중 몇몇 이탈자가 발생하기도 합니다. 대학이라는 곳에 와보니 술 먹고 '노세, 노세 젊어서 놀아'에 빠져 행복했고, 놀면서 쉽게 돈 벌 수 있는 아르바이트도 지천에 널려있고, 졸업을 해야 하는 이유를 도대체 찾을 수 없습니다. 무슨 자기가 울트라 슈퍼 레어도 아니고 평생 20대로 살 거라는 환상에 빠진 것 같습니다. 시간은 LTE 급으로 흘러 금방 나이를 먹을 텐데 그걸 모르는 건가봅니다.

내가 세상을 살아보니 정말 뜻하지 않은 기회가 많이 찾아왔었습니다. 나는 그 기회를 놓치지 않았습니다. 그 이유는 그 기회를 놓치지 않기 위한 미친 실행력으로 돌진하였기 때문입니다.

프랑스에서 메이크업을 전공하고 한국에 들어와서 영화를 한 편 찍고 나니 스타일리스트 제의가 들어왔습니다. 그리고 패션을 현장에서 배워 스타일리스트로 유명세를 떨쳤고, 대학에서 패션 강의 기회가 왔습니다. 처음에 시간 강사는 학사로도 가능하였으나 초빙 교수나 전임 교수가 되려면 석박사가 필수였습니다. 기회가 왔을 때 그 기회를 잡기 위해서는 나도 기준에 맞춰야 합니다. 그래서 바로 시간을 쪼개서 석사과정에 입학하고 바로 초빙 교수 제의를 받게 되었습니다. 그리고 박사과정에 입학하고 전임 교수에 임용되었습니다. 이 길이 결코 쉬운 길은 아니었습니다. 포기하고 싶은 순간도 있었지만 목표를 정하고 꿈을 향해 돌진하는 길은 참 행복했습니다.

나는 나의 부족한 부분을 미친 실행력으로 규격에 맞추어야 합니다. 처음 부터 나의 꿈이 교수는 아니었습니다. 그것도 패션 학과 교수가 되려고 어려서부터 전공을 패션으로 한 것도 아니었습니다. 그러나 일을 하다 보면 일의 방향성이 내 맘대로 가는 것은 하나도 없었습니다. 내 맘과는 상관없이 산으로 갔다 바다로 갔다 하면서 주어진 기회였습니다. 기회가 왔을 때 나를 업그레이드 해야합니다. 그래야 나에게 다가온 기회를 잡을 수 있습니다.

교수라는 직업은 참 매력적인 직업입니다. 사회적 시점으로 안정적이고 또한 사람들에게 선망의 대상이기도 합니다. 저는 학생 상담을 하면서 나의 이야기를 많이 들려줍니다. 나의 20대의 고민과 번뇌 그리고 누구나 똑같은 시기를 맞이하게 된다는 것을요.

저는 프랑스에 가고 싶지 않았습니다. 단지 언니가 프랑스에 시집가게 되면서 우울증에 시달리는데 딱히 그때 갈 수 있는 사람이 나밖에 없었습니다, 그리고 갑자기 들이닥친 현실은 도착하고 바로 니스 대학 어학코스에 등록이 되어서 학교에 가야만 했었습니다. 그리고 미술대학인 에꼴드보자르에 입학하는 코스로 언니는 아예 저를 프랑스에 잡아 놓을 심사였습니다.

말 많고 활기찼던 저는 불어가 생소해서 소심해지고 처음부터 계획하지 않았던 프랑스 생활은 저에게 잘 맞지 않았습니다. 한국에서 친구들이 잡지를 보내왔다. 피가로지라는 잡지에서 지방의 리포터를 구한다는 공고가 있는 페이지를 보고 해외 특파원을 구한다는 것도 아닌데 무작정 편지를 보냈습니다. 그리고 나는 파리 특파원이 됩니다. 파리에서의 첫 취재는 4대 메이크업 스쿨 탐방기였습니다. TGV를 타고 파리고 올라와 메이크업 스쿨을 방문하여 취재하면서 뜻밖의 나의 길을 찾게 됩니다. 그리고 랭귀지 코스를 마치고 파리고 입성합니다. 일년간 메이크업 스쿨에 재학하여 졸업하고 드디어 자유로운 한국에 기적적으로 귀국하게 됩니다.

나의 흑백사진과도 같았던 20대의 결과는 시기적으로 유학생이 별로 없던 시기라 폭발적으로 반응이 왔고, 나에게는 많은 기회로 다가왔습니다. 외로움과 고민과 번뇌가 많았던 20대의 나는 그 안에서도 기회를 잡기 위한 무한한 노력을 해왔던 결과입니다.

기회가 왔을 때 미래를 대비해야 합니다. 나의 앞날이 어떻게 펼쳐질지 아무도 모릅니다. 하고 싶은 것이 있으면 내가 기준에 맞춰 준비를 해야합니다. 막상 기회가 왔을 때 내가 기준에 맞지 않는다면 기회를 잡을 수 없습니다.

학생 상담은 대부분이 저의 완승으로 끝납니다. 상담하는 학생과 내가 별반 다르지 않기 때문입니다. 한국에서 살아간다는 것은 일단은 대학 졸업장은 필수입니다. 전공이 무엇인가는 그리 중요하지 않습니다. 다만 이 학생의 20대를 증명해 주는 증명서 같은 것이라고 생각하면 될 것 같습니다.

그리고 생각해 봅니다. 내가 전공 일치의 직업을 가질지, 아니면 내가 행복할 수 있는 직업을 가질지, 그리고 기회를 잡기 위해 나를 위해 어떻게 투자할지.

삶은 공평합니다. 기회는 누구에게나 주어지는 것 같습니다. 단지 그 기회를 잡을 수 있는 미친 실행력이 있는지 없는지의 차이입니다. 기회가 왔을 때 꼭 잡으세요. 또 다른 세상에서의 나를 만날 것입니다.

호감 가는 당신의
말 매너 스타일

미국의 토크쇼 '오프라 윈프리 쇼'를 분석해보면 오프라 윈프리는 토크쇼 내내 '그렇군요', '좋았겠군요', '와우'의 리액션 만으로 50분을 차지하고 토크를 시작하고 정리하는 데 10분을 활용합니다. 상대방의 이야기를 들어주며, 리액션으로 하여금 좀 더 깊이 있는 이야기를 이끌어 내주는 스킬입니다. 초대받은 손님은 그런 오프라 윈프리에게 자신이 이해받고 위로받았다는 느낌을 받으며 좋은 평판은 지금의 '오프라 윈프리 쇼'를 있게 한 게 아닌가 싶습니다.

유재석은 국민 MC로 누구나 편안하게 다가갈 수 있는 사람처럼 느껴집니다. 토크쇼의 주인으로 초대받은 손님의 이야기를 들어주면서 같이 공감해주는 리액션 부자로 유재석을 사적으로도 좋아하는 사람이 많습니다. 마치 그를 만나면 내 이야기를 통해 위로받을 수 있을 것 같은 느낌을 받으며 전혀 연예인 같지 않은 국민 MC 유재석의 인기가 지금도 식지 않는 이유일 것입니다.

1세대 스타일리스트들의 제2의 직업 확장으로 저는 스타일리스트에서 패션 스타일리스트학과 교수가 되었습니다. 밀레니엄 세대의 신진 스타일리스트와 1세대 스타일리스트의 상담 요청이 쇄도합니다. 자신의 미래에 대한 자문도 있지만, 지금의 고민이 많다 보니 답답하고 어디에 하소연 할 곳이 없습니다. 저는 그들을 만나면 그저 그들의 이야기를 들어줍니다. 그들의 미래에 대한 계획도 들어주고 조언이 필요한 부분만을 조언해 줍니다. 왜냐하면 하고 싶은 이야기는 많은데 들어주고 이해해 줄 수 있는 사람은 찾기 힘들기 때문입니다.

전문대를 다니는 청춘들은 고민이 많습니다. 베이비붐 시대의 우리야 너도 가난했고 나도 가난해서 비교 대상이 그리 많지 않았습니다. 딱히 환경이나 미래에 대한 고민 없이 순리대로 살면 됐습니다. 그러나 LTE 급으로 세대가 교체하는 시기에 딱 끼인 청춘들은 눈물 없이 들을 수 없는 사연들을 하나씩 가지고 있습니다. 그런 자신을 포장하기 위해 때로는 허세를 부리기도 하고 때로는 사고를 치기도 합니다. 자신의 생존을 알려야 하기 때문입니다. 그러나 결과는 불량 청년으로 찍혀서 다른 교수님들 눈 밖에 나고 거의 투명인간 취급을 받기 일쑤입니다. 세상은 그들에게 관대하지 않으며 만만하지 않습니다. 그런 청년들은 나를 찾아서 하루고 이틀이고 자기 이야기 꾸러미를 풀어 놓습니다.

'힘들었겠구나', '잘 버텼다', '나는 너를 믿는다'

저는 그저 이야기만 들어줄 뿐입니다. 그리고 리액션만 해줄 뿐입니다. 참 힘든 시기에 태어나서 고생이 많구나. 그저 안쓰러 울 뿐입니다. 그렇다고 내가 딱히 솔루션을 제공해줄 수 있는 상황도 못됩니다. 마 음을 이해받으려는 청춘들은 특별한 뭔가를 바라지는 않습니다. 그저 이해받기만을 원할 뿐입니다.

나는 따뜻한 밥 한 그릇 같이 먹으며 청춘의 마음을 이해해 줍니다. 그런 청춘들이 드디어 졸업을 하고 세상 밖으로 나갔습니다. 그들은 가끔 자신의 안부를 전합니다. 그때 믿어주셔서 감사하다고.

남의 이야기를 들어주는 노력을 해보세요. 그들에게 나의 마음 속 한편의 자리를 내어주세요.

누구나 사람은 자기가 이야기의 중심이길 원합니다. 그러나 모두 다 같은 생각이라면 사실 만남의 소통은 힘들어 집니다.

호감 가는 말 매너는 상대방의 이야기를 경청하고 공감하고 이해하 는 것에서부터 시작합니다. 자신의 이야기를 다 쏟아내고 나면 그 사람 과의 경계가 해제되고 그때부터 진심을 전할 수 있는 사이가 됩니다.

스타일이 있는 당신, 호감 가는 당신의 말 매너 스타일로 오늘부터 상대방의 이야기를 경청하도록 노력해 보세요.

끌리는 당신의
무한긍정 에너지 스타일 TIP

장신의 미녀 개그우먼 장도연이 JTBC '말하는 대로' 길거리 강연 중 '사람은 장면으로 기억된다는 말이 있대요. 사람들은 떠오르는 장면으로 그 사람을 기억한대요'라며, 자신의 엄마하면 떠오르는 '강한 엄마의 영상'과 천식으로 '아픈 엄마' 이렇게 강렬한 영상 2가지로 기억한다고 하였습니다.

자신의 컬러가 없어서 오히려 어느 컬러에도 섞일 수 있는 매력적인 미녀 개그우먼 장도연은 대세로 떠오르게 되었고, 그래서 개그뿐만이 아니라 토크쇼에서도 그 빛을 발휘하고 있습니다.

지금은 100만 감독이 된 이석훈 감독의 첫 작품 '방과후 옥상'에서 의상을 담당하게 되었습니다. 신인 감독의 첫 작품입니다. 감독님은 세밀하게 이것저것 신경 쓰다 보니 매우 까다로웠습니다. '방과후 옥상'은 학원물이어서 교복이 메인 의상인데 교복업체와 디자인을 선정하는 것이 관건이었습니다. 교복의 디자인과 컬러 그리고 미술과의 조화를 다각적으로 고심해야 하면서 결정을 못 하는 상황에 의상팀이 교

체되었습니다

　나의 첫 프레젠테이션 날, 속사포 랩을 방불케 하며, 교복의 다양한 이미지 자료와 시나리오에 맞는 디자인과 컬러를 자신감 넘치게 제시하였습니다. 몇 달을 결정 못 한 디자인이 그날 결정되었고 빛의 속도로 진행 되었습니다.

　이석훈 감독은 나에 대해 '사막에서 모래를 팔아도 떼돈 벌 사람', '잠깐 안 보이는 사이에 혼자 영화 두 편 찍고 올 사람'이라고 하였습니다.

　아마도 그의 기억 속, 나의 이미지는 무한 긍정의 에너지로 세상사 람 다 끌어당긴다고 생각했던 모양입니다.

　영화 촬영 현장은 기다림의 연속입니다. 카메라 세팅이 끝나면 조명 세팅을 하여야 하고 이게 맞춰지면 리허설을 하면서 미술을 정리합니다. 그 시간 동안 배우는 의상과 분장을 완성하고 대기합니다. 의상은 처음 준비가 바쁠 뿐이지 현장에서는 촬영이 들어가기까지 매우 한가한 파트입니다. 영화 현장은 급하게 준비하지 않기 때문에 다른 스태프도 세팅을 기다립니다.

　촬영 현장은 준비가 끝나면 삼삼오오 내 주변으로 모이기 시작합니다. 촬영과는 무관한 일상생활에 관한 수다가 시작됩니다. 저는 사람들의 입을 열게 하는 마력이 있나 봅니다. 촬영 현장에서의 나의 제 2의 임무는 스태프들과 배우들과의 수다가 어느 순간 나의 일이 되었습니다. 그러다 보니 현장에서 나를 기다리는 사람들이 생겨나는 기이한 현상도 일어났습니다.

세상살이는 화나는 일도 많고 짜증나는 일도 많지만, 그런 일들은 빨리 기억에서 지우세요. 그렇지 않으면 내 기억 속의 영상으로 남을 것이고 용량 초과로 비용이 발생될 수 있습니다. 화병이 걸리면 병원에 가야 하니까요.

저는 스스로를 생각해보면 안 좋은 기억은 빨리 잊습니다. 리세팅이 바로 되다 보니 사람들을 만나면 무한 긍정의 에너지가 생성되는 것 같습니다. 늘 처음 만난 사람처럼, 처음만나도 예전에 알던 사람처럼 말입니다.

긍정적인 사람은 사람을 끄는 힘이 있습니다. 그 사람을 만나서 기분이 좋아지고 덩달아 에너지가 발생하는 영상으로 기억되는 사람이 있습니다.

당신은 어떤 사람인가? 곰곰이 생각해보세요.

사람들에게 영향력을 끼칠 만큼의 사람은 못되더라도 그 사람의 기억 속에 다시 만나고 싶은 사람, 에너지 넘치는 사람으로 기억되고 있는 지?

끌리는 사람의 무한 긍정에너지 스타일을 가져보세요. 새로운 사람을 만날 때마다 나는 리세팅 되어 그 사람에게 무한 긍정에너지를 보내보세요. 당신의 그 끌리는 스타일에 사람들은 열광할 것입니다.

에필로그

쓰담 쓰담 그때 그랬구나,
힘들었을 텐데 잘 했다

박사논문이 통과되고 나에게 지적 공허함이 찾아왔습니다. 이제 무엇을 하지?

일하는 것과 자기개발에 몰두하는 것은 나에게 다른 의미에서의 행복이었나 봅니다. 나만의 콘텐츠를 개발하고 싶었습니다. 대학이 아닌 대중과의 소통을 위한 강연을 준비하고 있습니다. 책을 쓰면서 나에 대하여 뒤돌아 볼 수 있었습니다.

'쓰담 쓰담 그때 그랬구나.', '힘들었을 텐데 참 잘 했다.'

나를 치유하는 순간이기도 하였습니다. 책을 쓴다는 것은 인내와 노력이 필요하지만 나 스스로에게 위로가 되어준 소중한 시간이었습니다. 갈팡질팡 어디로 가야 할지 이정표도 없던 나에게 정확한 방위와 지도를 제시해 주며 갈 길을 알려줍니다. 글을 쓰면서 나는 생각했습니다. 나는 스타일에 미쳤었구나. 누구도 모방할 수 없는 오롯이 나만의 스타일로 방패도 없이 세상이라는 창과 맞섰구나.

고생했다. 잘 살았다. 그리고 나누자.

나를 찾아오는 친구들은 한결같이 결핍되어있습니다.
사랑이든 인간관계든 경제적이든 정신적이든….
그들과 이야기하면서 울고 웃습니다.
세상 뭐 있겠어. 그냥 미친 적 나만의 스타일로 돌진해 보는 거죠.
세상과 맞서려면 미칠 용기가 필요합니다.

코로나 블루
세상이 바뀌었습니다. 신속 정확하게 반응해야합니다.
유아인의 영화 '살아있다' 그 안에는 나의 존재감을 알려야하는 긴박감이 숨어있습니다.
나만의 스타일을 만들어야 합니다.
세상은 우리가 생각한 것처럼 만만하지 않습니다.

스타일 잡는 여자, 스타일 있는 여자, 스타일로 강단에 선 여자
딴따라 임 교수가 여러분의 스타일을 잡아드립니다.

스타일 파워

초판인쇄	2020년 9월 10일
초판발행	2020년 9월 16일
지은이	임승희
발행인	조용재
펴낸곳	도서출판 북퀘이크
마케팅	최관호 최문섭 신성웅
편집	황지혜
디자인	호기심고양이
주소	경기도 고양시 일산동구 백석2동 1301-2
	넥스빌오피스텔 704호
전화	031-925-5366~7
팩스	031-925-5368
이메일	yongjae1110@naver.com
등록번호	제2018-000111호
등록	2018년 6월 27일

정가 15,000원

ISBN 979-11-90860-03-1 03810